D0899059

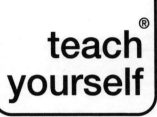

teach yourself

**beginner's
spanish**
mark stacey and
ángela gonzález hevia
advisory editor
paul coggle

Launched in 1938, the **teach yourself** series
grew rapidly in response to the world's wartime
needs. Loved and trusted by over 50 million
readers, the series has continued to respond to
society's changing interests and passions and
now, 70 years on, includes over 500 titles,
from Arabic and Beekeeping to Yoga and Zulu.
What would you like to learn?

be where you want to be with **teach yourself**

For UK order enquiries: please contact Bookpoint Ltd, 130 Milton Park, Abingdon, Oxon OX14 4SB. Telephone: +44 (0) 1235 827720. Fax: +44 (0) 1235 400454. Lines are open 09.00–17.00, Monday to Saturday, with a 24-hour message answering service. Details about our titles and how to order are available at www.teachyourself.co.uk

For USA order enquiries: please contact McGraw-Hill Customer Services, PO Box 545, Blacklick, OH 43004-0545, USA. Telephone: 1-800-722-4726. Fax: 1-614-755-5645.

For Canada order enquiries: please contact McGraw-Hill Ryerson Ltd, 300 Water St, Whitby, Ontario L1N 9B6, Canada. Telephone: 905 430 5000. Fax: 905 430 5020.

Long renowned as the authoritative source for self-guided learning – with more than 50 million copies sold worldwide – the **teach yourself** series includes over 500 titles in the fields of languages, crafts, hobbies, business, computing and education.

British Library Cataloguing in Publication Data: a catalogue record for this title is available from the British Library.

Library of Congress Catalog Card Number: on file.

First published in UK 1992 by Hodder Education, part of Hachette Livre UK, 338 Euston Road, London, NW1 3BH.

First published in US 1992 by The McGraw-Hill Companies, Inc.

This edition published 2008.

The **teach yourself** name is a registered trade mark of Hodder Headline.

Typeset by Transet Limited, Coventry, England.
Printed in Great Britain for Hodder Education, an Hachette Livre UK Company, 338 Euston Road, London NW1 3BH, by CPI Cox & Wyman, Reading, Berkshire RG1 8EX.

The publisher has used its best endeavours to ensure that the URLs for external websites referred to in this book are correct and active at the time of going to press. However, the publisher and the author have no responsibility for the websites and can make no guarantee that a site will remain live or that the content will remain relevant, decent or appropriate.

Hachette Livre UK's policy is to use papers that are natural, renewable and recyclable products and made from wood grown in sustainable forests. The logging and manufacturing processes are expected to conform to the environmental regulations of the country of origin.

Impression number   10 9 8 7 6 5 4 3 2 1
Year   2012 2011 2010 2009 2008

contents

The symbols

▶ This indicates that the recording is recommended for the following section.

ⓘ This section gives information about life in Spain.

introduction

So you want to learn Spanish. Welcome, then, to one of the world's great languages! In terms of numbers, Spanish is one of the most widely spoken tongues: as well as over 44 million speakers in Spain, there are at least ten times that number in other parts of the world, principally, of course, in Central and South America.

How much Spanish you wish or need to learn is a matter of personal choice or circumstance. You can acquire sufficient social and survival skills to 'get by' on holiday in Spain in a matter of a few weeks. At the other end of the spectrum, you can make the study of the language a life's work – Spanish is one of the main sources of European culture and literature.

The aim of this book, however, is modest. We aim to give you enough language ability to understand and to make yourself understood in not-too-complicated everyday situations; we aim also to give you a foundation for further study if, as we hope, you acquire a love for the language and its people and want to take your studies further. Though this book is designed to help you learn by yourself, don't forget that language is above all else a social activity: try to find every occasion to listen to Spanish and if possible to speak it, however haltingly. Spaniards greatly appreciate any effort people make in their language, of which they are proud, and are usually quite flattering about your efforts. So your confidence receives a boost and you are inspired to try further. Confidence is half the battle in learning to speak another language. Never be afraid to have a go; don't worry too much about making mistakes – the main thing is to communicate. If you are successful in getting your meaning across, then you are successful in using the language.

How to use this book

Units 1–11

You must study the first 11 units in order; as you do so, you will find you are acquiring many useful language uses, but they are not grouped in any sort of topic area. They are based on what we call language *functions*, which are uses of language that can apply to a wide variety of situations.

Each of the first 11 units includes at least one dialogue or a description by a Spanish character of an aspect of their everyday life. It is important to listen to (or read) this material at least twice; work out the meaning for yourself as far as you can, but use the list of key words and phrases given below each dialogue or passage to help you.

The **Language points** and **Comentario** [i] sections in these units explain how the Spanish in the material you have just studied is put together and sometimes include relevant background information too.

The **Actividad** (exercise) section(s) in each unit gives you the opportunity to try out the Spanish that has been explained in the unit so far. The **Key** is at the back of the book. If you have difficulty with an item in the **Actividades**, try solving the problem first of all by looking again at the Spanish in the dialogues or passages, before using the **Key** as a last resort. However, do check the **Key** when you've done each exercise – it is important to go back over material in areas where you are making errors, rather than carrying on regardless, which is bound to get you into trouble later! If you find you are making a large number of errors, try taking things more slowly and practising the phrases more as you go through the material in the unit – don't try an **Actividad** until you are pretty sure you have understood everything that precedes it, as you will find that if you rush you make less progress in the end. If you have the recording, make good use of the pause button – it's good for your pronunciation and your memory to repeat phrases as often as possible.

Finally in each of Units 1–10, there is a short test – **Self-evaluation**, which enables you to check whether you can now do some of the language tasks covered by that unit. The answers to these tests are also given in the **Key**. Always check your results in the test, and revise the unit until you can do it without errors before you go on to the next unit. A thorough understanding of everything in Unit 1 is essential for you to succeed in Unit 2, and so on.

Units 12–21

The next nine units, numbered 12 to 20, are based, as you will see, on broad topic areas. They can be taken in any order, which enables you to learn first how to cope with shopping, say (Unit 17), if this is what you feel you need to tackle before anything else. Units 12–20 do not have a **Self-evaluation**, as each unit is not dependent on the previous one, and only some have **Language point(s)** sections. Unit 21 is a final summing up, and there is some extra vocabulary at the end.

Try to use the book little and often, rather than for long stretches at a time. Leave it somewhere handy, so that you can pick it up for just a few minutes to refresh your memory again with what you were looking at the time before. Above all, *talk*. Talk to other Spanish speakers or learners, if at all possible; failing that, talk to yourself, to inanimate objects, to the imaginary characters in this book (warn your family and friends!). If you can find someone else to learn along with you, that is a great bonus.

Do *all* the exercises, and do them more than once, even to the point of committing them to memory. Make maximum use of the recording: play it as background, even when half your mind is on something else – in the car, in the garden, while doing work in the house, and so on – as well as using it when you are actually studying. The main thing is to create a continuous Spanish 'presence', so that what you are learning is always at the front of your mind, and not overlaid with the thousand and one preoccupations we all have in our daily lives. Advice on effective learning is given every so often in the course.

If at any time you feel you are not making progress, in spite of having been working assiduously in the manner described above, put the whole thing away for a day or two. Sometimes our minds need a rest to sort out and embed what we have been learning; the surprising thing is that when we start again we often seem to have improved in the interval when we were not consciously doing anything.

▶ If you have the recording, listen to it as you work through this introductory section. If you don't, follow the guidelines on how to pronounce certain letters and combinations of letters. Listening to and imitating native speakers is of course the best way to work on your pronunciation.

Spanish has three letters in its alphabet that do not exist as such in English.

The first is **ch**, which is pronounced as in English *church*. You will find that the words beginning with **ch** have their own section in older Spanish dictionaries, between **c** and **d**.

The second is **ll**, which is pronounced like the *lli* in *million*: Sevilla, paella, millón. In older Spanish dictionaries, words beginning with **ll** have their own separate section immediately after the **l** section – **ll** is a separate letter in Spanish, though it looks like a double **l** in English.

Since 1994, words beginning with **ch** or **ll** are included in the **c** and **l** sections.

The third 'new' letter is **ñ**, which is different from **n**, and is pronounced like the *ni* in *onion*: señor, señorita, España. There are no common words beginning with **ñ**.

So the whole Spanish alphabet is as follows. If you have the recording, listen to how it sounds when recited in Spanish.

a b c ch d e f g h i j (k) l ll m n ñ o p q r s t u v (w) x y z

k and **w** appear only in words derived from other languages.

Spanish vowels

Spanish vowels have very pure sounds, and only one sound each. It is important you try to get these right:

a is nearer to southern English *cup* than *cap*: casa, mañana, Salamanca.

e as in *egg*: Enrique, Benavente.

i as *ee* in *feet*: fino, finísimo, quiquiriquí (cock-a-doodle-doo, pronounced keekeereekee).

o as in *pot* – never as *know* or *toe*. Pedro, Rodrigo, Santiago de Compostela.

u as in *pool*: Úbeda, Burgos, Lugo. But **u** is silent when it occurs between **g** and **e** or **i**: guerra, guía, Guernica, unless it has two dots over it: Sigüenza, güisqui (*whisky*).

Spanish consonants

Some consonants sound different in Spanish from what we are used to in English:

b and **v** tend to be the same sound – a sort of breathy **bv**: try Barcelona, Valencia, and Vizcaya, Álava, Bilbao, Villaviciosa, Benavente.

z is always pronounced **th** as in *thing*: Zamora, Zafra, Zaragoza.

c is pronounced the same way when followed by **e** or **i**: Barcelona, Valencia, Albacete. Now try: civilización.

d is much softer than in English, especially when it is final, where it becomes almost **th**: Madrid, Valladolid, El Cid.

h is silent: Huesca, Huelva, Majadahonda, Alhambra.

j is always guttural, rather like the scottish **ch** in loch: Jaén, Jijona, José, Javier.

g is guttural like **j** when followed by an **e** or **i**: Jorge, Gijón, Gerona but 'hard' as in English gut when followed by **a**, **o** or **u**.

qu always sounds **k**, never **kw** – quiosco (*kiosk*), Enrique, Jadraque. (The letter **k** only exists in Spanish in a few words of foreign origin such as kilogramo, kilómetro, Kodak.)

r is always trilled – one or two flips of the tongue-tip – and **rr** is even stronger: Granada, Coruña, Rodrigo, Guadarrama, Torrejón.

The stress rules

Spanish words are stressed on the *last syllable* if they end in a consonant other than **n** or **s**: Valladolid, El Escorial, Santander, Gibraltar.

They are stressed on the *syllable before last* if they end in **n** or **s** or a vowel: Gra**na**da, To**le**do, Valde**pe**ñas.

If a word breaks either of these rules, an accent is written to show where the stress falls: José, Gijón, kilómetro, Cádiz, Málaga, civilización. (All words ending in -ión bear this accent.) So if you see a written accent, you must stress the syllable where the accent is placed. The only other use of accents that you need to know is that an accent is placed on *si* to distinguish sí (yes) from si (if).

Now practise your pronunciation by saying these place names, and check on the map, to see where they are.

1	La Coruña	13	Santiago de Compostela
2	San Sebastián	14	Bilbao
3	Burgos	15	Pamplona
4	Zaragoza	16	Barcelona
5	Tarragona	17	Valladolid
6	Salamanca	18	Zamora
7	Madrid	19	Toledo
8	Cuenca	20	Albacete
9	Badajoz	21	Cáceres
10	Sevilla	22	Córdoba
11	Granada	23	Almería
12	Málaga	24	Cádiz

▶ The bare essentials

Here are some essentials which you need to learn, and can also use for pronunciation practice:

Greetings	**Buenos días**
	Buenas tardes
	Buenas noches
	Hola
Goodbyes	**Adiós**
	Hasta luego

We will talk about how these are used in Unit 1.

Now practise saying these courtesy phrases:

Please	**Por favor**
Thank you	**Gracias; muchas gracias**
Not at all	**De nada**
I'm sorry	**Perdone**

Useful emergency phrases are

| May I? | **¿Se puede?** |

(if you want to take a chair, open a window, push through a knot of people, etc.);

| That's enough, thank you. | **Basta, gracias.** |

(use it in a restaurant if your plate is getting too full);

| I don't understand. | **No entiendo.** |
| I don't know. | **No sé.** |

01

¿quién es quién?
who's who?

In this unit you will learn
- to say who you are
- to ask and say who someone else is
- to give your name and ask for someone else's
- basic courtesy phrases

Before you start

Make sure you have read the study guide in the **Introduction**, which gives some helpful advice on how to make the most of this course. If you have the recording, use it as much and as often as you can, taking advantage of the pause button to practise repeating phrases until you can say them naturally.

Actividad *Activity*

1 It's likely that you already know a few words of Spanish. If you can think of any, such as the words for *hello*, *thank you*, *please*, say them out loud and then check the word list below to see whether you were right.

buenos días, señor	*good day (sir) (used till about 3pm)*
buenas tardes, señorita	*good afternoon (miss) (used till late evening)*
buenas noches, señora	*good night (madam)*
hasta luego	*see you later*
gracias	*thank you*
por favor	*please*
sí	*yes*
no	*no*
hola	*hello*
perdone	*sorry, excuse me*
de nada	*that's all right, don't mention it*

i The Spanish greetings **Buenos días, Buenas tardes, Buenas noches** do not correspond exactly to the English *Good morning/Good day, Good afternoon, Good evening/Good night*. **Buenos días** is used during the first part of the day until roughly the time of the main meal which, for most Spaniards, is around 2pm or even as late as 3pm. After that, **Buenas tardes** is used. **Buenas noches** is used only late in the evening or when someone is going to bed. **Hola**, an informal greeting equivalent to *hello*, can be used at any time.

When saying *goodbye*, **hasta luego** is the way to say *goodbye for now*, or *see you later*. **Adiós** means *goodbye*, and should be used when you don't expect to see that person again for a while.

Notice the abbreviations **Sr.** for **señor** (*Mr*), **Sra.** for **señora** (*Mrs*), **Srta.** for **señorita** (*Miss/Ms*) and **Sres.** for **señores** (*Mr and Mrs/Messrs*).

▶ Diálogo 1 *Dialogue 1*

Isabel is going to meet some of Paco's colleagues. Before the party, he shows her some pictures. She asks Paco to tell her who various people are.

Isabel ¿Quién es este señor?
Paco Es el Sr. Ortega.
Isabel Esta señora, ¿es Luisa?
Paco No. No es Luisa, es Juanita.
Isabel Y estos señores, ¿quiénes son?
Paco Estos son los Sres. Herrero.

Later Isabel introduces herself to one of them.

Isabel Sr. Herrero, buenas tardes.
Sr. Ortega No soy Herrero, soy Pedro Ortega.
Isabel Oh, perdone, señor …
Sr. Ortega De nada, señorita. Y ¿quién es Vd.? Es Isabel, ¿no?
Isabel Sí, soy Isabel.

este señor	*this man/gentleman*
esta señora/señorita	*this woman/lady*
esta señorita	*this girl*
estos señores	*these people/ladies and gentlemen*
es	*he/she/it is, you are*
son	*they are, you are* (plural)
¿quién es?	*who is (he/she/it)/ who are you?*
¿quiénes son?	*who are they?*
soy	*I am*
usted, ustedes	*you* (often written **Vd.**, **Vds.**, but pronounced **usted**, **ustedes**)

Language points

1 Masculine and feminine words

In the dialogue you have encountered **este señor** and **esta señora**. **Este** and **esta** are the masculine and feminine forms of the same word, which we have to use because **señor** is masculine and **señora** is feminine. All names of things in Spanish are either masculine or feminine, not only the obvious ones like man and woman, boy and girl. This distinction is known as the gender of the word. You can often tell a word's gender from its ending: for example, almost all words ending in -o are masculine, and those ending in -a are mostly feminine. Gender is important because it affects other words in a sentence. There is more on this in the next unit. Don't worry if this is a new idea that seems strange – in practice it causes no great difficulty in Spanish.

2 Estos *These*

Estos is used with plural words referring to several masculine things/people or to a mixed group of things/people, e.g. **estos señores**, meaning *these men* or *these men and women*.

3 Questions

In Spanish, it is easy to make a question. One way is to add ¿no? to the end of the statement, remembering to raise your voice to give a questioning tone at the end of the sentence. This has the same effect as using *isn't it, aren't you,* etc. in English.

Vd. es Isabel.	*You are Isabel.*
Vd. es Isabel, ¿no?	*Are you Isabel?*

Another way is to turn **Vd. es, Vds. son** round:

¿Es Vd. Isabel?	*Are you Isabel?*
¿Son Vds. los Sres. Herrero?	*Are you Mr and Mrs Herrero?*

You will have noticed that in written Spanish two question marks are used to identify a question – an inverted one at the beginning as well as the standard one at the end. If only part of the sentence is really the question, the question marks go round that part, as in **Vd. es Isabel ¿no?** Exclamation marks work in the same way:

Paco ¡es Vd.!   *Paco, it's you!*

4 Formal 'you'

Usted (plural **ustedes**) means *you,* and is used except when talking to people you know very well or to children (or animals or God). In writing it is often abbreviated to **Vd.** (plural **Vds.**) It can be omitted if the context is clear. There is another, less formal, way of saying *you,* but you won't need this until Unit 11. But it would be useful at this point to read the first paragraph of unit 11.

5 How to use the negative

When you want to say that something is *not* the case, simply put **no** before the word that tells you what is happening (the verb). You have in fact already seen this in **No,** *no* **es Luisa** and *No* **soy el Sr. Herrero.**

Actividades *Activities*

2 How would you greet the following people at the times shown?

  a a male business acquaintance, at 10am
  b a girl you know well, at 1pm
  c an older couple you have met a few times, at 6pm
  d a friend at a party, at 9pm
  e your family when you are going to bed, at 11pm

3 Someone asks you to tell them who the following characters are. Answer using the information given in brackets.

a ¿Quién es este señor? (*Paco*)
b ¿Quién es esta señorita? (*Isabel*)
c ¿Quién es esta señora? (*Sra. Ortega*)
d ¿Quiénes son estos señores? (*Sres. Herrero*)
e Este señor, ¿es Pedro? (*Paco*)
f Esta señorita, ¿es Luisa? (*Isabel*)
g Estos señores, ¿son los Sres. García? (*Sres. Alba*)

4 Turn the following statements into questions by adding ¿no? in a, b, c and changing the order of the words in d and e.

a Estos señores son los Sres. Méndez.
b Este señor es Paco.
c Esta señorita es Juanita.
d Vd. es Paco.
e Vds. son los Sres. Alba.

▶ Diálogo 2 *Dialogue 2*

¿Cómo se llama? *What's your name?*

This time Paco is invited as a guest to Isabel's party and he won't know everyone there. He asks her to identify a few people from her photo album.

Paco	¿Cómo se llama esta señorita?
Isabel	Se llama Ana.
Paco	Y este señor, ¿cómo se llama?
Isabel	Éste es el Sr. Carrera.
Paco	Estos Sres., ¿quiénes son?
Isabel	Son los Sres. Alba.

At the party Paco introduces himself to Sr. and Sra. Alba – he has a better memory than Isabel!

Paco	Buenas tardes, señores. Me llamo Paco. Vds. son los Sres. Alba, ¿no?
Sra. Alba	Sí, somos los Alba.

se llama	*he/she is called, you are called*
me llamo	*I am called, my name is*
¿Cómo se llama Vd.?	*What* (lit. *how*) *are you called, what is your name?*
somos	*we are*

Language points

6 Me llamo *My name is*

Another way of identifying yourself and other people is to use **me llamo** *I am called* or *my name is*, and **se llama** *he/she is called, you are called*. To ask someone's name, use the word **¿Cómo?** at the beginning of the question:

¿Cómo se llama?   *What is his/her/its name? / what is he/she/it called?*

¿Cómo se llama Vd.?   *What is your name? / what are you called?*

7 More on questions

You will have seen that question words or 'interrogatives', as they are known, such as **¿quién?** *who?* and **¿cómo?** *how?* have an accent. This is not to indicate where the stress falls (see **Pronunciation guide**) but to show that the word is being used in a question, not in a statement. You will find them used without accents in statements.

▶ Documento número 1 *Document no. 1*

HOTEL **
SAN NICOLAS

Plaza de Armas, 6 – Teléfono (943) 64 42 78
20.280 HONDARRIBIA

¿Cómo se llama este hotel?

Actividades *Activities*

5 Give the questions to which these would be answers.

   a Me llamo Paco.
   b Se llama Isabel.
   c Me llamo Sra. Méndez.
   d Se llama Sr. Méndez.
   e No. No me llamo Pedro. Me Llamo Paco.
   f No. No se llama Luisa. Se llama Isabel.
   g Sí. Somos Pedro y Conchita Ortega.

6 Fill in the grid, using the clues given, and column **A** will reveal a word you will use on your departure from Spain.

   a a way of introducing yourself
   b what you would say if you bumped into someone
   c you're trying to find out who someone is
   d a greeting used between friends
   e you have to go but you'll be back soon – what would you say?

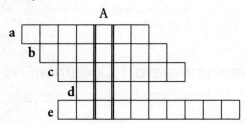

Congratulations! You have completed the first unit of the course. There was a lot to learn in this unit, and it's important to make sure you've understood it all properly before proceeding to Unit 2. Remember to use the answers (**Key**) at the back of the book to check how well you've done in the **Actividades,** and keep listening to/repeating phrases until they are thoroughly familiar. Then make a final check of your memory and understanding of the material in Unit 1 by trying the little test below.

Self-evaluation

How would you do the following?

1 Ask someone who they are (two ways).
2 Tell someone who you are (two ways).
3 Check with someone 'Is your name …?'
4 Apologize because you've knocked over a girl's drink.
5 Identify a couple as Mr and Mrs Méndez.

Informe extra

PARADORES

"Buenas Noches"

"Good Night"

Mod. 4.32

The Paradores are a chain of nearly 100 hotels run by the parador company, but whose sole shareholder is the Spanish government. They are often in historic buildings, beautifully restored and furnished. They are not cheap, but prices are comparable to those of good hotels in the private sector (see *Travel*, p.165).

02

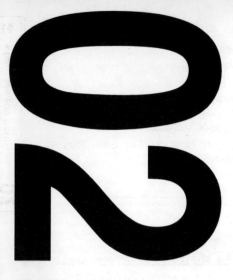

¿de dónde es?

where are you from?

In this unit you will learn
- to ask where people are from
- to find out someone's nationality and tell them yours

▶ Diálogo

Listen to (or read) the dialogue twice, pausing to repeat the phrases.

Sra. Méndez	¿De dónde es, Paco?
Paco	Soy de Madrid. Soy madrileño. Y ¿Vd.?
Sra. Méndez	Soy de Madrid también. Soy madrileña.
Paco	Y Ana, es española, ¿verdad?
Sra. Méndez	Sí, es española, es catalana. Los Sres. Alba son españoles también.
Paco	¿De dónde son?
Sra. Méndez	Son de Sevilla los dos.

¿de dónde es …?	*where is … from?*
¿de dónde son …?	*where are … from?*
también	*also*
madrileño	*from Madrid, a man/person from Madrid*
madrileña	*from Madrid, a woman from Madrid*
los dos	*the two, both*

Language point

1 Nationality

To say your nationality or someone else's, use the words **soy, es, somos, son** as you did to identify people, and add the nationality description: **soy inglés, es español/española**. Note that the ending of the nationality word must change according to the gender of the person described. It also changes if you are talking about more than one person: **somos americanos, son franceses**. Here are a few examples with the masculine, feminine and plural forms:

country	*masculine*	*feminine*	*plural*
América	americano	americana	americanos
Australia	australiano	australiana	australianos
Italia	italiano	italiana	italianos
Francia	francés	francesa	franceses
Escocia	escocés	escocesa	escoceses
Irlanda	irlandés	irlandesa	irlandeses
Alemania	alemán	alemana	alemanes
Polonia	polaco	polaca	polacos

Germany is **Alemania** in Spanish.

These nationality words are also the ones you use when you want to say *a Spanish woman*, *a Frenchman*, etc. **Un francés** means *a Frenchman*. In South America, use **norteamericanos** to refer to inhabitants of the USA.

Actividad

1 a Say where you are from.
 b Say that you are English (or whatever).
 c Say that you are not Spanish.
 d Ask Paco if he is Spanish.
 e Ask Isabel if she is Spanish.
 f Ask Isabel where she is from.
 g Ask the Sres. Méndez where they are from.
 h Ask the Sres. Méndez if they are from Madrid. (What will they answer?)
 i Ask the Sres. Méndez if they are Spanish. (What will they answer?)
 j Say that you and your companion are English.
 k Say that you and your companion are not Spanish.

i Not all Spaniards will say **soy español(a)**. Some for example, may insist, **soy catalán**, **soy catalana**, **soy de Cataluña**, **somos catalanes**, **somos de Cataluña**, if they are from the north-east of Spain or Barcelona.

People from the Basque country are likely to think of themselves as Basques rather than Spaniards and will say: **soy vasco**, **soy vasca**, **soy de Euskadi**, **somos vascos**, **somos de Euskadi**. **Euskadi** is the Basque word for the Basque region. There are also some 4 million immigrants living and working in Spain; over 40 per cent come from Spanish-speaking countries. A large number are from Eastern Europe, many of whom are rapidly becoming competent in Spanish. Most of the remainder are Moroccan, but they tend not to stay permanently.

Within Spain, it is important to be aware of the strong regional, or some would say national, sensibilities, particularly in those regions which still use their own separate languages, such as Cataluña and the Basque country.

The Basque language is quite different from Spanish. It is a very ancient language and exceptionally difficult to learn. Catalan, too, is a separate language from Spanish, and has to be learned separately, but unlike Basque it is closely related to Spanish as it also derives from Latin. Sometimes the Spanish language is referred to as **castellano** or 'Castilian'. A man from Barcelona (the capital of

Cataluña) could say: **soy de Barcelona. Soy barcelonés. Soy catalán y también español. Hablo** (*I speak*) **catalán y también castellano.**

All Spaniards are very attached to their home region, even if they have moved away from it. It is in recognition of this regional loyalty that Spain is divided into **autonomías** or regions with a good deal of local self-government. Local pride is also evident in people's attachment and loyalty to their home town or city. Unlike in English, where we only have a few words like *Londoner* or *Mancunian*, Spanish has a word for the inhabitants of all towns of any size. For example, a man from Seville would describe himself as **un sevillano**.

Actividad

▶ 2 Say where the following are from, e.g. **Un sevillano es de Sevilla** – a **sevillano** is from Seville. Note *un* **sevillano**, *a* man from Seville. Not all of them are obvious, so match the two columns, or look back at the map in the introduction, on p. xi. Don't forget to check your answers in the **Key**.

Example: Un sevillano es de Sevilla.

a	sevillano	Barcelona
b	madrileño	Burgos
c	barcelonés	Cádiz
d	granadino	Córdoba
e	cordobés	Cuenca
f	malagueño	Granada
g	burgalés	Madrid
h	zaragozano	Málaga
i	tarraconense	Salamanca
j	toledano	San Sebastián
k	salmantino	Sevilla
l	vallisoletano (!)	Tarragona
m	zamorano	Toledo
n	conquense	Valladolid
o	gaditano (!!)	Zamora
p	donostiarra (!!!)	Zaragoza

Language points

2 How to say 'a, an': *un, una*

As you saw in the phrase given above for *a Frenchman* the word for *a* in Spanish is **un**. It changes to **una** when used with a feminine word. Note also that in the sort of sentence shown in the first three examples below, the descriptive word *follows* the word for the person in Spanish:

un señor español	*a Spanish man*
una chica francesa	*a French girl*
una señora vasca	*a Basque lady*
un irlandés	*an Irishman*
una inglesa	*an Englishwoman*

Look again at the list in **Actividad 2**. There you have a list of male/masculine inhabitants of a number of Spanish cities: a Sevillian, a Cordoban, etc. If we wished to indicate a female inhabitant, **un** would become **una**, and all words ending in -o would change to -a, thus: **una sevillana; una madrileña; una granadina; una gaditana.**

Those ending in -s would add an -a: **una barcelonesa; una cordobesa; una burgalesa.** Those ending in -e or -a already would not change: **una tarraconense; una conquense; una donostiarra.**

So the word for *a* has two forms, **un** and **una**; in general (and there are exceptions) you use **un** with a word ending in -o (masculine), and **una** with a word ending in -a (feminine). Words ending with other letters have to be learned as you go. This masculine/feminine divide applies to everything in Spanish, not just people, as you will see.

3 Languages

The masculine singular form of the nationality description, e.g. **español**, is also the name of the language. So to say that you can speak English and Spanish you say: **Hablo inglés y español.** To say that someone else speaks Spanish you would say: **Habla español.** When you have introduced yourself to a Spanish person or asked their name, using what you have learned in Unit 1, they may well encourage you by saying **Habla español muy bien:** *You speak Spanish very well*, even if they do not ask you **¿Es Vd. español?** or **¿Es Vd. española?** Notice that in Spanish there is no capital letter on the word for your nationality or the name of the language, only on the name of the country itself – **español, española, españoles, España.**

USA: 45 million speakers!

México

Cuba

República Dominicana

Puerto Rico

Honduras

Panamá

Guatemala

El Salvador

Nicaragua

Costa Rica

Venezuela

Colombia

Ecuador

Perú

Bolivia

Paraguay

Chile

Argentina

Uruguay

Spanish-speaking countries except Spain, Equatorial Guinea and the Philippines

Actividades

3 The names of seven languages are hidden in this wordsearch. Five are ones that you have encountered in this unit, but there are two that you should be able to guess. The words run across, down, up, backwards and diagonally.

```
I  G  O  E  R  M  C  P
T  O  S  S  L  A  R  A
A  L  U  P  T  W  S  N
L  F  R  A  N  C  E  S
I  P  L  N  O  R  L  E
A  A  R  O  T  P  G  N
N  Z  M  L  I  F  N  A
O  P  S  E  B  L  I  D
```

4 You are having a conversation with a Spanish friend, Antonio, about which languages you speak and understand (**entiendo** *I understand*). Play your part to complete the dialogue.

Antonio Vd. habla inglés, ¿verdad?
a You *Say yes, you speak English.*
Antonio ¿Es Vd. norteamericano?
b You *Tell him your nationality, and say: you're Catalan, aren't you?*
Antonio Sí, barcelonés. Hablo catalán. ¿Entiende Vd. catalán?
c You *Say no, you don't understand Catalán. You speak French and Spanish.*
Antonio Vd. habla español muy bien.
d You *Say thank you very much.*

5 Various people are stating their cities of origin and their native language. Match the cities on the left with the languages on the right.

a soy de Berlín
b soy de Londres
c soy de Buenos Aires
d soy de Barcelona
e soy de París

i hablo inglés
ii hablo francés
iii hablo catalán
iv hablo alemán
v hablo español

▶ Documento número 2

Un pequeño anuncio para Radio 3. El eslogan es 'Somos como somos'. (*A little advertisement for Radio 3. The slogan is: 'We are as we are'*.)

How would you say *I am as I am?*

Self-evaluation

Can you:

1 say where you are from (which town)?
2 say what nationality you are?
3 say what language(s) you speak?
4 tell someone he/she speaks English, very well?
5 ask someone where he/she is from?
6 ask someone if he/she is Spanish/English, etc?
7 give the masculine and feminine forms to describe people from the following places:
   a España b Escocia c Cataluña d Euskadi e Alemania?

03

más sobre Vd. mismo

more about yourself

In this unit you will learn
- to say where you live and work
- to ask others what they do and where they do it
- to give your address
- numbers 0–20

▶ Lectura

Listen to, or read, the following passage about Paco and Isabel. Key words are given in the vocabulary box, but you should be able to guess the meaning of the words for Paco's and Isabel's jobs.

Paco vive y trabaja en Madrid. Isabel vive y trabaja en Madrid también. Paco trabaja como arquitecto en una oficina de la calle Goya. Isabel trabaja como administradora en la oficina de Iberia – Líneas Aéreas de España – en la calle María de Molina.

CALLE
MARIA
DE
MOLINA

Paco trabaja en la calle Goya, pero vive en la calle Meléndez Valdés, en un apartamento. Isabel vive con la familia en un piso de la calle Almagro. El apartamento de Paco es pequeño, pero el piso de la familia de Isabel es muy grande.

vive	*lives*	**la familia**	*the family*
y trabaja	*and works*	**un piso**	*a flat*
en	*in*	**un apartamento**	*a small flat*
como	*as*	**pequeño**	*small*
una oficina	*an office*	**pero**	*but*
la calle	*the street*	**muy**	*very*
con	*with*	**grande**	*big, large*

Actividades

1 Respond to the following statements, choosing **verdad** *true* or **falso** *false*.

	Verdad	Falso
a Isabel vive en Madrid.	☐	☐
b Paco vive con la familia de Isabel.	☐	☐
c Isabel trabaja en un colegio.	☐	☐
d Paco trabaja como profesor.	☐	☐
e La oficina de Paco está en Goya.	☐	☐
f Paco vive en la calle Meléndez Valdés.	☐	☐

▶ 2 Answer the questions.

a ¿Dónde trabaja Paco?
b ¿Dónde vive Paco?
c ¿Dónde trabaja Isabel?
d ¿Dónde vive Isabel?
e ¿Vive Paco en un piso grande?
f ¿Vive Isabel en la calle Goya?
g ¿Quién vive en la calle Meléndez Valdés?
h ¿Quién trabaja en María de Molina?
i ¿Trabaja Paco como administrador?
j ¿De quién es la oficina en María de Molina?

Language point

1 How to say 'the': *el, la, los, las*

In Unit 2 you found that there are two Spanish words for *a* and
an: **un** and **una**, used according to the gender of the word to
which they are attached. Spanish also has more than one word
for *the*: **el** is used with masculine words, and **la** with feminine
words. So we have:

el apartamento	el piso	el arquitecto	el señor
la oficina	la familia	la señora	la calle*

(*not all feminine words end in -a!)

When *the* precedes a plural word, two new forms are needed. **El**
becomes **los** and **la** becomes **las**. So we have:

los apartamentos	los pisos	los arquitectos	los señores
las oficinas	las familias	las señoras	las calles

As you may remember from Unit 1, when you are talking about
a person by their name and title, you need to use the definite
article (**el, la, los** or **las**), for example

El Sr. Méndez no entiende alemán.	*Mr Méndez doesn't understand German.*
La Srta. Carrera es madrileña.	*Miss Carrera is from Madrid.*
Los Sres. Alba son sevillanos.	*Mr and Mrs Alba are from Seville.*

However, when talking to a person face to face, the definite article is not needed, unless you are asking them who they are.

Sr. Méndez, ¿habla Vd. inglés?
Buenos días, Srta. Carrera.
¿Son Vds. **los** Sres. Alba?

Actividad

3 Fill in the blanks with **el, la, los,** or **las.**

a _____ apartamentos son generalmente pequeños.
b ¿Dónde trabaja _____ arquitecto?
c Isabel vive con _____ familia.
d ¿Dónde están _____ oficinas de Isabel y Paco?
e _____ Sres. Méndez son españoles.
f Paco vive en _____ calle Meléndez Valdés.
g _____ piso donde vive Isabel es muy grande.

Language point

2 ¿Qué hace Vd.? *What do you do?*

There are two easy ways of asking what work someone does. One way is to ask **¿Qué hace Vd.?** *What do you do?* Many of the replies may sound similar to English, but in Spanish most of them have a masculine or feminine form. Here are a few examples of what a person might say when you ask them **¿Qué hace Vd.?**

	masculine	*feminine*	
soy	actor	actriz	*actor/actress*
soy	profesor	profesora	*teacher*
soy	administrador	administradora	*administrator*
soy	camarero	camarera	*waiter/waitress*
soy	director de empresa	directora de empresa	*company director*
soy	enfermero	enfermera	*nurse*

Some words for occupations are the same whether they refer to a man or a woman. These include those ending in **-ista** or **-e**, such as:

un/una taxista	*a taxi driver*
un/una artista	*an artist*
un/una periodista	*a journalist*
un/una contable	*an accountant*
un/una intérprete	*an interpreter*
un/una estudiante	*a student*

The other way to ask about a person's job is to say **¿Dónde trabaja Vd.?** *Where do you work?* Here are various possible answers to this question:

Trabajo en una oficina.	*I work in an office.*
Trabajo en una agencia de turismo.	*I work in a tourist office/ agency.*
Trabajo en un colegio.	*I work in a school.*
Trabajo en un hospital.	*I work in a hospital.*
Trabajo en casa.	*I work at home.*

Note that **¿Dónde?** and **¿Qué?** are two more examples of words that need accents when they are used to ask a question.

Actividad

4   Match each of the following professions (on the left) with one of the places of work on the right. Some places will be used for more than one answer.

a Es profesor – trabaja en _____	un café
b Soy administradora – trabajo en _____	un hospital
c Soy enfermera – trabajo en _____	un colegio
d Es arquitecto – trabaja en _____	una oficina
e Es actriz – trabaja en _____	un teatro
f Soy camarero – trabajo en _____	

▶ Diálogo

Paco and Isabel are being asked by Ricardo where they live and work. Listen to (or read) the dialogue twice before studying the rest of the unit to see how to talk about where you live.

Ricardo	¿Dónde vive Vd., Isabel?
Isabel	Vivo en Madrid, en la calle Almagro.
Ricardo	¿Y dónde trabaja?
Isabel	Trabajo en la calle María de Molina.

Ricardo	¿Y Vd., Paco?
Paco	Vivo en Madrid también.
Ricardo	¿Dónde en Madrid?
Paco	En la calle Meléndez Valdés, número cinco, tercero D.
Ricardo	¿Y trabaja Vd. en Madrid?
Paco	Sí, trabajo en la calle Goya.

Language points

3 'I work, I live, I ...'

Trabajo and **vivo** mean *I work* and *I live*. When you want to say 'I' do something, you will find that the word almost always ends in -o, as in several examples you already know: **hablo, me llamo, entiendo.** There are a very small number of exceptions to this rule, one of which is the word for *I am* – **soy.**

▶ 4 Números 0–20 *Numbers 0–20*

0	cero	11	once
1	uno	12	doce
2	dos	13	trece
3	tres	14	catorce
4	cuatro	15	quince
5	cinco	16	dieciséis
6	seis	17	diecisiete
7	siete	18	dieciocho
8	ocho	19	diecinueve
9	nueve	20	veinte
10	diez		

Learn these thoroughly. Practise them not only in order but at random to help you remember them.

5 ¿Dónde vive? *Where do you live?*

Depending on the context, you might need to give only a vague reply such as **vivo en Madrid** or **vivo en Londres.** On some occasions, however, you may need to give your address, and for visiting Spanish friends or places you will certainly need to understand when someone tells you theirs.

Here is a typical address (**la dirección**).

La dirección de Isabel es:

Señorita Isabel Ballester García
    Almagro 14, 6°A
       28010 Madrid
         España

Notice you do not need to use the word **calle**, although other words, such as **avenida, plaza, paseo**, are usually not omitted. The figure 6° A stands for *sexto* A, i.e. the sixth floor, flat A. 28010 is the code for Madrid (28) and the district (010).

Here is Paco's address (**Paco** is short for **Francisco**):

Señor Don Francisco Ruiz Gallego
    Meléndez Valdés 5, 3°D
       28015 Madrid
         España

Actividad

5   a Ask Paco where he lives. (What will he answer?)
     b Ask Isabel where she works. (What will she answer?)
     c Tell Paco you also live in a small apartment.
     d Tell Isabel you also work in an office.
     e Tell her you do not speak Spanish very well yet (**todavía**).
     f Give your nationality and say what language you speak.

i You will have noticed two things about the names in this unit. The first is that Isabel and Paco have two surnames. All Spaniards do. They take the first of their father's two names and the first of their mother's. In any case, Spanish women keep their own names on marriage, and take their husband's when being spoken of jointly, as in **los Sres. Méndez**. But the latter does not apply if the couple are not married (i.e. in a civil partnership or living together). They may then say **somos pareja**. (**Pareja**: a couple). If you only want to use one surname, which you normally do for informal use, it must usually be the first. So Francisco Ruiz Gallego is **Paco Ruiz** to his friends. The other thing you may have noted is the use of **don**. You use it in formal situations with the forename (never with the surname only). For married women use **doña**. The wife of Sr. Méndez happens to be **Sra. Doña Aurora Lozano Bonet**. No mention of Sr. Méndez at all! However, **Doña** is not usually used with the names of unmarried women. There is more on this in Unit 12.

Actividad

6 The written numbers 0–12 are all – except one – hidden in this wordsearch. They are written backwards, up, down and diagonally as well as across. What is the missing number?

L	C	U	A	T	R	O	N
O	T	P	O	R	E	C	R
Z	C	L	T	E	C	N	O
E	O	H	V	S	E	I	S
I	N	E	O	C	C	C	A
D	U	D	N	T	O	M	L
N	R	O	E	A	D	I	P

Self-evaluation

Can you do the following?

1 Count backwards from 20 to zero.
2 Say where Paco lives.
3 Ask Isabel what she does and where she works.
4 Say that you are a company director.
5 Say where you live and where you work.

Documento número 3

AV. DE ARAGON

Próximo aeropuerto

PISOS A ESTRENAR

**4 dormitorios.
2 baños.**

**Cocina Amueblada.
Plaza de Garaje**

**Directamente
propiedad**

Telf.: 533 14 04
horas oficina

Some new flats are for sale near the airport.

a How many bedrooms do they have?
b Where can you keep your car?
c What times can you phone the agency?

04

¿cómo está Vd.?

how are you?

In this unit you will learn
- to ask after others' health and respond to queries about your own
- to describe people and things
- to say where things are

Before you start

You can now say a number of things about yourself in Spanish. You should be able to write or say at least six sentences about yourself and where you work and live. Try to come up with a similarly long description of a relative or friend.

Language point

1 'To be' or ... 'to be'?

You have already learned the Spanish for *I am*, *he is*, etc.:

soy	*I am*	somos	*we are*
es	*he/she/it is*	son	*they are*
Vd. es	*you are*	Vds. son	*you are* (plural)

However, we use a different set of words for *I am*, *you are*, etc. if we are saying where we are, or where things are, or if we are saying how we feel, or what state we are in – tired, pleased, ill, well, married or single and so on.

For example, imagine a gossipy man boring his neighbour on the beach with the following monologue. He doesn't wait for many answers, but notice how he switches from one group of words to the other according to the context. He says **soy** or **es** when he wants to say *what* he is, or *what* something is, but **estoy, está, estamos, están**, in saying or asking *how* or *where* he is, or people and things are.

▶ Monólogo

Soy argentino, pero en este momento **estoy** en España. **Estoy** de vacaciones, y **estoy** muy contento. Mi familia **está** aquí también. **Estamos** todos muy contentos. Y Vd., ¿**está** Vd. de vacaciones? ¿**Está** la familia también? ¿En que hotel **están** Vds.? Ah, **es** un hotel magnífico. ¿**Es** Vd. millonario? ¿Qué hace Vd. pues? Ah, un artista. Vd. **es** muy famoso, **estoy** seguro.

estoy de vacaciones	*I am on holiday*
están	*they are/you are (plural) are*
estoy contento/seguro	*I am pleased/sure*
estamos contentos	*we are pleased*
aquí	*here*
todo/toda/todos/todas	*all, every*
millonario	*millionaire*

Language point

▶ 2 Soy o estoy *I am*

So our Spanish friends would say:

Soy Paco. Estoy soltero (*single*).
Soy Isabel. Estoy soltera.
Somos los Sres. Méndez. Estamos casados (*married*).
Somos Álvaro y María. Somos pareja.

And we can say about them:

Paco es español. Está soltero.
Isabel es española. Está soltera también, pero los Sres.
   Méndez están casados, naturalmente (*of course*).
Álvaro y María no están casados. Son pareja.

Perhaps the commonest use of these words is in:

¿Cómo está Vd.? ¿Cómo están Vds.? *How are you?*

To which you answer:

Estoy bien, gracias./	*I'm fine, thank you./*
Estamos bien, gracias.	*We're fine, thank you.*
¿Y Vd.?/¿Y Vds.?	*And you?*

You can ask after someone else, as in:

¿Cómo está Paco?
¿Cómo están los Sres. Méndez?

To which you hope to hear the answer:

Está bien. /	*He's fine./*
Están muy bien los dos.	*They are both very well.*

Now here is a subtle point. If you ask **¿Cómo *es* Paco?** You are asking what he is like – tall, short, friendly, etc. If you ask **¿Cómo *está* Paco?** you want to know whether he is well, happy, tired, and so on.

We said above **Paco está soltero**. This suggests that he is single at the moment, but will probably marry. If you say **Paco es soltero** you are suggesting that he is a confirmed bachelor.

You can knock on Isabel's door and ask **¿Está Isabel?** That is to say *Is Isabel in?* i.e. you are asking about where she is rather than what she is. You will get the answer **sí, está** or **no, no está**.

Actividades

1 Make eight truthful sentences from these three columns:

Paco		una compañía importante
Isabel		madrileños
Los señores Méndez	es	en la calle Goya
El apartamento de Paco	está	madrileña
Iberia	son	pequeño
Isabel y Paco	están	muy grande
El piso de Isabel		casados
La oficina de Paco		español

2 Choose one of the following to fill in the blanks:

no es   no está   no son   no están

  a Isabel y Paco _____ casados.
  b Isabel _____ catalana.
  c El Sr. Méndez _____ barcelonés.
  d La calle Goya _____ en Sevilla.
  e En general, los taxistas _____ millonarios.
  f Doña Aurora y doña Luisa _____ contentas.
  g París _____ en España.
  h Los terroristas _____ simpáticos.

Check your sentences with the **Key** at the end of the book.

To sum up: we use **soy, es, somos** and **son** to indicate *characteristics* (permanent) and **estoy, está, estamos** and **están** to indicate *states* (temporary) as well as *position* (both temporary and permanent).

Documento número 4

Look at the restaurant advertisement on the next page.

  a ¿Cómo se llama este restaurante?
  b ¿Dónde está?
  c ¿En qué calle está?

(**Horno de asar** indicates that it specializes in roasts; **un horno** is an oven; **asar** means to roast.)

EL HORNO DE ASAR
RESTAURANTE
TABERNON

C/ San Segundo, 40 - Telfs. (918) 25 20 56 - 25 52 61 - 05001 ÁVILA

▶ Diálogo

Ricardo meets Paco and enquires about Isabel. Listen to (or read) the dialogue, checking the key words given below, and practising saying each of the phrases out loud.

Ricardo	¿Cómo está Vd., Paco?
Paco	Estoy muy bien, gracias. ¿Y Vd.?
Ricardo	Muy bien. ¿Dónde está Isabel?
Paco	Está en casa.
Ricardo	¿En casa? ¿No trabaja? ¿Está de vacaciones?
Paco	No, no está de vacaciones. No está muy bien. Está constipada.
Ricardo	Entonces la llamo por teléfono. ¿Qué número es?
Paco	Es el 2 17 18 06 (dos, diecisiete, dieciocho, cero seis).

está constipada	*she has a cold*
entonces	*then*
la llamo por teléfono	*I'll give her a ring*

i Phone numbers are usually given in pairs of figures. If there is an odd number of figures, the one at the beginning is treated singly. So 2 12 16 11 is said as **dos**, **doce**, **dieciséis**, **once**, while 10 14 20 would be said as **diez**, **catorce**, **veinte**.

Actividades

3   A Spanish friend is talking to you about your English colleague whom he met on a visit to England. Complete the dialogue.

Antonio	¿Cómo está Jane?
a You	*Say she's very well.*
Antonio	¿Está todavía (*still*) soltera?
b You	*Say no, she is married to* (con) *Paul.*
Antonio	¡Qué bien! ¿Están contentos los dos?
c You	*Say yes, of course.*
Antonio	¿Y cómo es Paul?
d You	*Say he is very nice. He is a Scotsman.*
Antonio	¿Y dónde viven?
e You	*Say they live in Edinburgh* (Edimburgo).
Antonio	¿Qué hace Paul?
f You	*Say he's an accountant and works in Edinburgh.*
Antonio	Muy bien. Y Jane, ¿trabaja in Edimburgo también?
g You	*Say yes, she works in a tourist agency.*

4   Speaking of **Paco**, say that:

   a he is very well
   b he is not very well
   c he is an architect
   d he is at home
   e he is on holiday
   f he is pleased
   g he is from Madrid
   h he is in Madrid
   i he is Spanish
   j he has a cold

Check in the **Key** that you have used **es** and **está** correctly, and then do Exercise 5, speaking of **los Sres. Méndez**:

5   a they are very well
   b they are not very well
   c they are friendly
   d they are at home
   e they are on holiday
   f they are pleased
   g they are from Madrid
   h they are in Madrid
   i they are Spaniards
   j they have colds

Language point

3 Adjectives

Descriptive words such as **grande, pequeño, soltero**, etc. are known as adjectives, and in Spanish they must 'agree' with the person(s) or thing(s) they describe. This means that, as with the words for occupations that you met in Unit 3, the endings of the adjective must be masculine or feminine, singular or plural, e.g. *Paco* no está casad*o*, *los* apartamentos son pequeñ*os*, *Isabel* está content*a*, *las* enfermeras son simpátic*as*, etc.

Adjectives ending in **-e** are the same for both genders, but take an **-s** in the plural:

Paco es inteligente.
Isabel es inteligente.
Los Sres. Méndez son muy inteligentes.

When you are not saying *the gentleman is married* but simply *a married gentleman*, the adjective **casado** always comes *after* the noun **un señor**, e.g. **un señor casado.** Here are a few more examples: **un piso grande** *a large flat*, **una chica antipática** *a horrible girl*, **un chico alto** *a tall boy*, **una señora contenta** *a happy lady*.

Self-evaluation

Can you do the following?
1 Say you are pleased.
2 Say you are on holiday.
3 Ask someone what their job is.
4 Say you are married/single.
5 Ask if Paco is at home (when you arrive at the flat).
6 Ask after someone's health.
7 Say you are well/not very well.

05

nuestras familias
our families

In this unit you will learn
- to give details, and ask for information, about families and personal circumstances
- to say what things belong to whom
- to say *there is* and *there are*

Language point

1 Two useful verbs: 'have' and 'say'

You have already learned how to use some different parts of verbs according to who is doing the action, for example, **habla** *he/she/it speaks*, *you speak* and **trabajo** *I work*. Here are two important verbs which you need to learn.

tengo	*I have*
tiene	*he/she/it has, you have*
tenemos	*we have*
tienen	*they/you* (plural) *have*

digo	*I say*
dice	*he/she/it says, you say*
decimos	*we say*
dicen	*they/you* (plural) *say*

▶ Lectura 1

Listen to (or read) Isabel's description of her family two or three times, pausing after every sentence to practise repeating the Spanish.

La familia de Isabel

Isabel dice:

Somos seis en mi familia: mi padre, mi madre, y cuatro hijos. Tengo una hermana y dos hermanos. Mi hermana se llama Margarita y mis hermanos se llaman Fernando y José Antonio. Margarita está casada. Su marido se llama Luis Méndez. Es el hijo de los Méndez. Margarita y Luis tienen un hijo – Luisito.

Fernando y José Antonio no están casados. Viven en casa con mis padres. Afortunadamente tenemos un piso grande. Mi madre tiene también un perro. Es muy pequeño y simpático. Se llama Chispa.

somos seis en la familia	*there are six of us in the family*
mi padre	*my father*
mi madre	*my mother*
mis padres	*my parents*
hijo	*son*
hija	*daughter*
hijos	*children*
hermano	*brother*
hermana	*sister*
hermanos	*brothers/brothers and sisters*
marido	*husband*
mujer	*wife*
un perro	*a dog*
simpático	*nice, friendly*
afortunadamente	*fortunately*

Language point

2 'My, your, his, her, its'

The words that denote who someone or something belongs to are very easy to use in Spanish. **Mi** *my* is used with both masculine and feminine words (**mi padre, mi madre**), and has an **-s** added when used with plural words (**mis padres**). The words **su** and **sus** are particularly useful as they are the equivalent of several English words. **Su** is used with singular words and means *his/her/it/your/their*, depending on the context; **sus** works in exactly the same way with plural words. Like **mi** and **mis**, **su** and **sus** are not affected by gender. For example:

mi nieto	*my grandson*
mis nietas	*my granddaughters*
su hermano	*his/her/your/their brother*
su hermana	*his/her/your/their sister*
sus abuelos	*his/her/your/their grandparents*
sus tías	*his/her/your/their aunts*

▶ Lectura 2

Below is a diagram of Isabel's family:

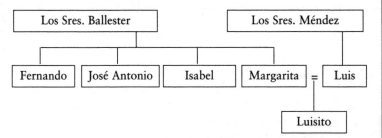

Fernando y José Antonio son los hermanos de Isabel y Margarita. Isabel y Margarita son las hermanas de Fernando y José Antonio. Sus padres son los Sres. Ballester. Los Ballester y los Méndez son los abuelos (abuelo/abuela) de Luisito. Luisito es su nieto. Luisito es el sobrino de Fernando, de José Antonio y de Isabel. Isabel es la tía de Luisito; Fernando y José Antonio son los tíos. Isabel y Luis son cuñados. Los señores Ballester son los suegros de Luis; los Sres. Méndez son los suegros de Margarita.

sobrino	nephew	**cuñado**	brother-in-law
sobrina	niece	**cuñada**	sister-in-law
tía	aunt	**suegros**	parents-in-law
tío	uncle		

Actividades

 1 Answer the questions:

a ¿Quién es el padre de Luis?
b ¿Cómo se llama el padre de Luisito?
c ¿Cómo se llama la tía de Luisito?
d ¿Cuántos abuelos tiene Luisito?
e ¿Cuántos sobrinos tiene Isabel?
f ¿Quiénes son los suegros de Margarita?
g ¿Y de Luis?
h ¿Quién es la cuñada de Luis?
i ¿Cómo se llama el hermano de José Antonio?
j ¿Cuántos tíos (tíos y tías) tiene Luisito?

2 Complete the following sentences:

Isabel dice:

a Margarita es mi ....
b Fernando y José Antonio son mis ....
c Luis no es ... hermano, es ... .
d ... padres son los .... de Luisito.

Luisito dice:

e Tengo .... abuelos.
f ... madre ... . Margarita.
g ... tío Fernando es ... . de mi madre.

Los Sres. Ballester dicen:

h Tenemos .... hijos y ... nieto.
i Tenemos solamente ... ... casada.
j Isabel, Fernando y José Antonio no .... casados, pero .... muchos amigos.

3 Here is some information about another family. Read it carefully, and then as an exercise fill in the missing names on the diagram which follows. You'll need to use the information about Spanish surnames that you learned at the end of Unit 3. The answers, as always, are in the **Key to the exercises** at the end of the book.

Carlos López Silva está casado con Carmen Rivera García. Tienen tres hijos y tres nietos. Su hija Carmen no está casada pero sus dos hijos Pedro y Diego sí. La mujer de Pedro se llama Ana Serrano, y tienen una hija que también se llama Carmen. Tres mujeres de esta familia se llaman Carmen: la nieta Carmen López Serrano, su tía Carmen López Rivera, y su abuela Carmen Rivera García. La pequeña Carmen tiene dos primos Diego y José María López Ayala, hijos de Diego López Rivera y su mujer María Ayala.

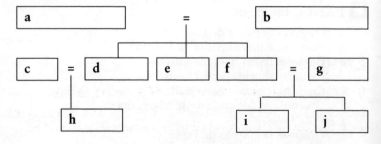

▶ Lectura 3

¿Tiene Vd. un coche? *Do you have a car?*

Isabel tells us a few more details about Paco, and Paco talks about Isabel and her family. Listen to what they say (or read the passages if you don't have the recording).

Isabel dice:

Paco vive en la calle Meléndez Valdés. Su apartamento es pequeño pero es suficiente para él. Es un apartamento alquilado. Paco no vive con sus padres, porque ellos viven ahora en Alicante, pero yo vivo con los míos. Paco tiene un coche. Su coche siempre está en la calle porque Paco no tiene garaje.

Paco dice:

Isabel vive en un piso de la calle Almagro, pero el piso no es de ella, naturalmente, es de sus padres, y el coche es de ellos también. Isabel no tiene coche. Dice que no es necesario. Ella y su madre dicen que los taxis son muy convenientes para ellas. Para mí, un coche es más conveniente.

alquilado	*rented*	**ellas**	*they, them* (f)
ahora	*now*	**para él**	*for him*
porque	*because*	**de ellos**	*theirs* (m)
un coche	*a car*	**de ella**	*hers*
siempre	*always*	**para ellas**	*for them* (f)
él	*he, him*	**más**	*more*
ella	*she, her*	**para mí**	*for me*
ellos	*they, them* (m)	**míos**	*mine*

Language points

3 Saying 'he, she, they': *él, ella, ellos, ellas*

In Spanish only one word is needed for *he* and *him*. **Él** not only means *he* but also *him*. Likewise, **ella** means both *she* and *her*.

| Este apartamento es adecuado para él/ella. | *This flat is big enough for him/her.* |
| Él vive aquí, pero **ella** vive en Valencia. | *He lives here, but she lives in Valencia.* |

The same dual-purpose rule applies to **ellos** and **ellas** (*they/them*, masculine and feminine).

4 Using *no* and *sí* to make comparisons

Making a simple comparison between what two people are, do or have, is easier in Spanish than it is in English, as the following examples show:

Isabel vive con la familia, pero Paco **no**.	*Isabel lives with the family, but Paco doesn't.*
Los Sres. Méndez están casados, pero Isabel y Paco **no**.	*Mr and Mrs Méndez are married, but Paco and Isabel aren't.*
La señora no es muy alta, pero su marido **sí**.	*The lady is not very tall, but her husband is.*
Mi hermano no está contento, pero mis padres **sí**.	*My brother is not happy, but my parents are.*

As we have seen, **vivo** means *I live*. You use the word for *I* – **yo** – only if you want to stress the *I*: **Yo** vivo en Madrid, pero Antonio no. *I live in Madrid but Antonio doesn't.*

| **Yo** hablo español, pero él no. | *I speak Spanish, but he doesn't.* |
| **Él** habla español, pero ella no. | *He speaks Spanish, but she doesn't.* |

5 Saying 'mine': *el mío, la mía, los míos, las mías*

These words translate as *mine*. You use the one that agrees with the person or thing that is possessed. For example:

| Paco no vive con sus padres, pero yo vivo con los **míos**. | *Paco doesn't live with his parents but I live with mine.* |
| ¿Cómo se llama su hermana? La **mía** se llama Conchita. | *What is your sister's name? Mine is called Conchita.* |

You do not need **el, la, los, las**, though, if you want to say *it's mine*, *they're mine*.

| ¿De quién es este coche? Es **mío**. | *Whose is this car? It's mine.* |
| Esta casa es **mía**. | *This house is mine.* |

Actividad

4 Complete these sentences about Paco by adding a contrasting comment about Isabel. Use the following example as a model: Paco trabaja como arquitecto, **pero Isabel no**.

  a Paco vive en un apartamento, _____ .
  b Paco es alto, _____ .
  c Paco no vive con la familia, _____ .
  d Paco no habla alemán, _____ .
  e Paco no tiene hermanos, _____ .
  f Paco tiene un coche, _____ .

Language point

▶ 6 Saying 'there is/are': *hay*

Hay is an invaluable little word. (Be careful not to pronounce the **h**. **Hay** sounds the same as **¡Ay!** which is an exclamation of pain, grief or surprise.) **Hay** has a multiplicity of uses:

¿Cuántas personas hay en la oficina de Paco? Hay siete. Hay tres arquitectos y dos delineantes (*draughtsmen*). También hay un estudiante y una secretaria.

¿Cuántas personas hay en la familia de Isabel? Hay seis: los padres y cuatro hijos. Pero una hija está casada y vive con su marido y su hijo. Hay un perro, que es de la madre de Isabel y que se llama Chispa.

¿Cuántos vuelos diarios (*daily flights*) hay de Londres a Madrid? Hay cinco vuelos de Iberia y cuatro de BA.

Hay is used to indicate availability of goods and services. For example:

En el café:	Hay chocolate con churros
En el quiosco:	Hay billetes de lotería
En el restaurante:	Hoy hay fabada
En el teatro:	No hay entradas

i **Churros** are a sort of fritter or doughnut which you dunk in hot, thick chocolate. Very fattening but delicious. **Fabada** is a bean stew (see Unit 18). The words **billete** and **entrada** are both used for *ticket*, but the former is used for train, bus or lottery tickets (and also banknotes), and the latter for anywhere you pay for entrance, such as the theatre or a museum. **Hoy** means *today*.

Actividad

▶ 5   Answer the questions. As always, the **Key** gives you the fullest answers, but try to convey the essential information even if you can't produce a whole sentence the first time.

a ¿Dónde hay fabada hoy?
b ¿Qué hay en el quiosco?
c ¿Hay entradas para el teatro?
d ¿Cuántos vuelos diarios de BA hay de Londres a Madrid?
e El apartamento de Paco, ¿es adecuado para él?
f ¿Es de él, o está alquilado?
g ¿Por qué no vive Paco con sus padres?
h ¿Dónde está siempre el coche de Paco?
i El coche de la familia de Isabel, ¿es de ella o de sus padres?
j ¿De quién es el perro en casa de Isabel?

This has been a unit with a lot of new material: read it through again before you try the **Self-evaluation** to see how much you have understood and remembered.

Self-evaluation

Can you do the following?

1 Say what immediate family you have, and say what their names are?
2 Describe your extended family?
3 Describe your house/home and say who lives in it?

There will be no answers in the **Key**, so check your use of Spanish with the material in this unit.

06

en movimiento
moving around

In this unit you will learn
- to talk about going and returning
- to discuss means of transport
- to give the date
- numbers 21–31

Language points

▶ 1 Números 21–31

You met numbers 1–20 in Unit 3. Here are the numbers 21 to 31.

21	veintiuno	25	veinticinco	29	veintinueve
22	veintidós	26	veintiséis	30	treinta
23	veintitrés	27	veintisiete	31	treinta y uno
24	veinticuatro	28	veintiocho		

The words for 21–29 are contractions of **veinte y uno**, **veinte y dos**, etc., but it is only 21–29 that contract; all the later numbers, from 31–39, 41–49 etc., are written as three words, as in **treinta y uno**, above.

ENERO	FEBRERO	MARZO	ABRIL

MAYO	JUNIO	JULIO	AGOSTO

SEPTIEMBRE	OCTUBRE	NOVIEMBRE	DICIEMBRE

▶ 2 Los meses del año *The months of the year*

enero	*January*	julio	*July*
febrero	*February*	agosto	*August*
marzo	*March*	septiembre	*September*
abril	*April*	octubre	*October*
mayo	*May*	noviembre	*November*
junio	*June*	diciembre	*December*

Note that the names of the months are written *without* a capital letter.

3 La fecha *The date*

Now you know numbers up to 31 and the names of the months of the year, you can give dates.

Written dates are in figures, of course; spoken dates are not quite the same as in English, e.g. 'the second of May'. For example:

el dos de mayo (i.e. *the two of May*)
el veinticinco de diciembre
el diecisiete de septiembre

and so on. If it is already clear which month you are talking about, and you just want to say *the 5th*, *the 20th*, etc., say **el día** (*the day*) **5**, **el día 20**, and so on.

El día *the day* is another of the few words in Spanish that end in **-a** but are masculine.

Actividades

1 Give the Spanish for:

a	1st March	**g**	22nd February
b	16th June	**h**	10th April
c	31st August	**i**	26th October
d	2nd November	**j**	24th December
e	4th July	**k**	30th January
f	19th May	**l**	11th November

2 Practise giving personal and family dates:

¿Cuándo es su cumpleaños? (*When is your birthday?*)

¿Y el de su padre?/¿madre?/¿marido?/¿mujer?/¿hijo?/¿hija?/ ¿hermano?/¿hermana?, etc.

▶ Diálogo

Ricardo asks Paco about his plans for June. Listen to (or read) the dialogue twice, and try to identify how Paco says *I'm going* and *I'm returning*.

Ricardo ¿Qué hace en junio, Paco?
Paco En junio voy de viaje.
Ricardo ¿En qué día va Vd.?
Paco Voy el día 5. Tengo un congreso en Santander el día 6 de junio.

Ricardo	¿Y vuelve a Madrid después del congreso?
Paco	No, tengo una reunión en Barcelona el día 9. Voy directamente de Santander a Barcelona.
Ricardo	¿Cómo va – en tren?
Paco	No, voy en coche. Vuelvo a Madrid el 10 de junio.

voy	*I go, I am going*
de viaje	*on a trip*
va	*he/she/it goes, you go*
vuelvo	*I return*
vuelve	*he/she/it returns, you return*
un congreso	*a conference*
una reunión	*a meeting*
en tren	*by train*
en coche	*by car*
después del congreso	*after the conference*

Language point

4 Names of verbs

In the above dialogue and vocabulary list, notice the important words **voy** *I go*, and **va** *he/she goes, you go*. Later in this unit we shall have **vamos** *we go*, and **van** *they go*, or *you* (**Vds.**) *go*. However, if you look up *to go* in a dictionary you will find **ir**, which is very different from **voy**, etc. This is because *to go* in Spanish is a very odd verb. **Ir** is the name of the verb, the dictionary entry, or, to give it its grammatical name, the infinitive. Usually infinitives are more easily recognizable, and end in **-ar** (most of them), **-er** or **-ir**. For example, *to speak* is **hablar**, *to do* is **hacer** and *to live* is **vivir**.

By the way, if someone calls your name, where in English you might reply *Coming!*, in Spanish you call **¡Voy!**. In English where you would say *I'll come with you*, the Spanish would say **Voy con Vd.**, *I'll go with you*.

Actividad

▶ 3 Answer the following questions as though you were speaking for Paco:

a ¿Dónde va Vd. en junio, Paco?
b ¿Por qué va a Santander?

c ¿Tiene un congreso también en Barcelona?
d ¿Cuándo va a Santander?
e ¿Y a Barcelona?
f ¿Cómo va?
g ¿Qué día vuelve Vd. a Madrid?
h ¿Por qué no vuelve a Madrid el 7 de junio?

▶ Lectura

Los Méndez están de vacaciones *Mr and Mrs Méndez are on holiday*

Mrs Méndez describes their holiday in Málaga. Listen to (or read) her description, noticing how she says *we* do things.

Hoy, 6 de septiembre, estamos de vacaciones. Estamos en Málaga y no volvemos a Madrid hasta el día 30. Pasamos un mes en Málaga. Tenemos un apartamento alquilado. Vamos todos los días al café para tomar el aperitivo. Se puede comer también, pero generalmente volvemos a casa para comer. Después de la siesta visitamos a amigos o vamos al cine o al teatro.

hasta	*until*
pasar	*to spend, pass*
todos los días	*every day*
tomar	*to take/have* (of refreshment)
comer	*to eat/have lunch*
se puede	*one can*
visitamos	*we visit*

Language points

5 Contractions *a + el* and *de + el*

Notice the contraction of **a el** to **al** to give **al** cine, *to the cinema* and **al** teatro, *to the theatre*. De **el** contracts similarly to form **del**, as in los meses **del** año, and as you will now recognize, in Costa **del** Sol (lit. *coast of the sun* – **el sol**).

6 Vamos *We go*

In the passage above, Mrs Méndez uses the form: **vamos** *we go*. You will find that almost all words meaning *we* do something end in -**amos**, -**emos** or -**imos**. There were several examples in Mr Méndez's account, some of which you've already come across and some of which are new:

estamos	*we are*
tenemos	*we have*
vamos	*we go*
pasamos	*we spend/we pass*
volvemos	*we return*

Other verbs you already know work similarly. For example, Paco might say:

Isabel y yo **trabajamos** en Madrid los dos. **Vivimos** en Madrid también. **Somos** madrileños. **Hablamos** español.

Spanish verbs fall into three groups, which is why there are three different endings – you will learn more about this in Unit 8. (**Somos** is an odd one out.)

7 Para ... *In order to ...*

In the passage about Mr and Mrs Méndez on holiday you came across the phrases **para tomar, para comer**. **Para** means *for*, as you have seen, but also *in order to*. So **para tomar el aperitivo** means *in order to have an aperitif*, or simply *to have an aperitif*.

8 Se puede ... *One can ...*

In Mrs Méndez's description of their holiday she says **se puede comer en el café** *one can eat at the café*. **Se** can translate *one* when you are talking of people in general. For example, in a shop window you might see **se habla inglés** *English spoken* (lit. *one speaks English*). In Barcelona you could say **aquí se habla catalán** *people speak Catalan here*. You can also use it to ask the way e.g. **¿Cómo se va a la estación de autobuses?** *How does one get to the bus station?* There is more on this very useful construction in Unit 10.

Documento número 5

Cumplimente el cupón adjunto y envíelo a TRIBUNA DE EDICIONES DE MEDIOS INFORMATIVOS, S.S. C/Orense, 70, 4. planta. 28020 Madrid. Aptdo. de Correos 14.763. Tel. (991) 571 09 42.

✂ -

☐ Sírvanse suscribirme a "TRIBUNA de Actualidad" por 1 año (52 números) al precio total de: España: 75,30€ Portugal: 87,40€. Europa y Norte de Africa: 117,50€. América, Asia y Africa: 182,40€. Oceanía: 235€ (gastos de envío incluidos).

Nombre: ....

Dirección:...C.P.:................

Población:................................Provincia:....................................Teléfono: ....

Firma:

FORMA DE PAGO QUE DESEO   ☐ Cheque nº. ....que adjunto
    ☐ Giro postal nº. ....de fecha................

If you want to subscribe to the magazine *Tribuna* you can complete a coupon like the one above.

  a   How much would it cost to have it sent to the UK?
  b   How many issues would you get?
  c   Could you complete the details required?

C.P. stands for the postcode **código postal**.

Actividades

▶ **4** Answer the following questions as though you were speaking for Mr and Mrs Méndez.

a ¿Por qué están Vds. en Málaga, señores?
b ¿Cuándo vuelven Vds. a Madrid?
c ¿Cuánto tiempo pasan Vds. en Málaga?
d ¿Están Vds. en un hotel?
e ¿Dónde van hoy para tomar el aperitivo?
f ¿Van mañana también?
g ¿Y pasado mañana?
h ¿También comen Vds. en el café?
i ¿Tienen Vds. familia o amigos en Málaga?
j ¿Qué hacen Vds. después de la siesta si no visitan a amigos?

5 Ricardo asks you about your holiday plans for the summer. Complete the dialogue, following the guidelines for your replies.

Ricardo ¿Va Vd. de vacaciones este año?
a You *Say yes, you're going to Santander and Madrid.*
Ricardo ¡Qué bien!, ¡va a España! ¿Y cuándo va?
b You *Say you're going on 20 July.*
Ricardo ¿Y cuántos días pasa Vd. en Santander?
c You *Say you're spending ten days in Santander and then (después) you go to Madrid.*
Ricardo Entonces, va a Madrid el día 31.
d You *Say yes, and you're spending five days in Madrid with your friends.*
Ricardo ¿Toma Vd. el avión para ir de Santander a Madrid?
e You *Say no, you're taking the train.*
Ricardo Bien, ¡buenas vacaciones!

Lectura

Viajar en España *Travelling in Spain*

De Madrid se puede tomar el tren o el autobús a todas partes de España. También se puede ir en avión a Barcelona, a Valencia, a Santiago de Compostela, a Bilbao, etc. El avión es más rápido pero es más caro. Es el servicio nacional de Iberia que va a muchas capitales de provincia. El servicio internacional va a Sudamérica, a la América Central y a muchas capitales de

Europa. También en junio, julio y agosto hay muchos vuelos baratos para los turistas que van a Málaga, a Valencia, a Gerona y a Alicante. El turismo es una industria importante para España.

el avión	the plane
se puede tomar	one can take
se puede ir	one can go
el vuelo	flight
la capital de provincia	provincial capital
la parte	part
caro	dear, expensive
barato	cheap

Documento número 6

SERVICIO EXPRES

UTILICE EN SUS VIAJES NUESTROS
SERVICIOS ESPECIALES DE LUJO,
VARIAS EXPEDICIONES, DIARIAS
DESDE MADRID A:

VALENCIA
SALAMANCA
BADAJOZ
CACERES
ZAMORA
CUENCA
BENAVENTE

MAS RAPIDOS,
MAS COMODOS Y SEGUROS QUE
CUALQUIER OTRO MEDIO DE
TRANSPORTE POR CARRETERA QUE
VD. PUEDA ELEGIR.

Auto Res is a long-distance bus company. They offer a *special luxury service* to provincial cities, and they say they they are *faster*, *safer* and *more comfortable than any other means of road transport that you can choose*.

Look in the **Documento** for the Spanish for the phrases in italics in the second sentence above. **Diario** is a useful word, meaning *daily*.

Actividad

6 Combine one phrase from each column to make eight sensible sentences.

Para visitar las capitales de provincia			el tren, el avión, o el autobús
Para un aperitivo		alquilar	un vuelo barato
Para ir a Barcelona			la siesta
Para ir a Gerona en agosto		ir	a un restaurante
Para pasar un mes en Málaga	se puede	tomar	un vuelo internacional de IBERIA
Para visitar Venezuela		dormir	un piso
Para comer			un coche
Para la digestión después de comer			un gin-tonic

We give the eight most likely versions in the **Key**.

Self-evaluation

Check your understanding of Unit 6, before proceeding to Unit 7, by making sure you can do the following:

1 Count backwards from 31 to 21.
2 Recite the months of the year.
3 Give today's date.
4 Ask the way to the theatre.
5 Ask if people speak English here.
6 Say that one can take a bus to the station (**la estación**).
7 Say that there are five flights every day.
8 Say that you spend a month in Spain every year.

07

llegadas y salidas
arrivals and departures

In this unit you will learn
- to talk about arriving and leaving
- to tell the time and days of the week
- to talk about dates
- numbers 32–199

Language point

▶ 1 Números 32–199

Now you know numbers up to 31, there are not many more words to learn associated with counting. Here is a complete list of the 'tens':

20	veinte	60	sesenta
30	treinta	70	setenta
40	cuarenta	80	ochenta
50	cincuenta	90	noventa

For the numbers in between, the principle of adding **y** and any other number you need applies all the way through from 30 to 90, e.g.:

33	treinta y tres
58	cincuenta y ocho
71	setenta y uno
99	noventa y nueve

100 is **cien** if it stands by itself, **ciento** if it is followed by another lesser number. For example:

100	cien
101	ciento uno
110	ciento diez
122	ciento veintidós
137	ciento treinta y siete

Note the difference between the English 137 – *one hundred and thirty-seven* – and the Spanish – **ciento treinta y siete**. In Spanish the **y** only occurs between the tens and the units. We won't deal now with the plural hundreds (see Unit 12) but the following will enable you to give current dates in full.

To give the year, string the numbers together starting with **dos mil**.

2000	dos mil
2001	dos mil uno
2002	dos mil dos
2010	dos mil diez

Spanish numbers are very straightforward and logical. It is worth making a special effort to learn them really well, as numbers are essential when travelling in a Spanish-speaking country, for shopping, travel times, dates and so on. Practise them until you are fluent by, for example, thinking of the prices in Spanish when you are shopping, working out train times, etc.

▶ 2 Los días de la semana *Days of the week*

Look at this calendar:

JULIO						
L	M	M	J	V	S	D
		1	2	3	4	5
6	7	8	9	10	11	12
13	14	15	16	17	18	19
20	21	22	23	24	25	26
27	28	29	30	31		

The week in Spain is always counted from Monday, so the abbreviations along the top for the days of the week – **los días de la semana** – start with that day. Although the abbreviations are in capitals, days of the week, like months, are always written with a small letter:

lunes	*Monday*	**viernes**	*Friday*
martes	*Tuesday*	**sábado**	*Saturday*
miércoles	*Wednesday*	**domingo**	*Sunday*
jueves	*Thursday*		

▶ 3 ¿En qué día? ¿En qué fecha? *On what day/date?*

To say that a certain day falls on a certain date, or vice versa, you need a new verb: **caer** *to fall*.

Look at these examples:

¿En qué día de la semana cae el dieciséis?	*On what day of the week does the sixteenth fall?*
Cae en un jueves.	*It falls on a Thursday.*
¿En qué fechas caen los domingos en julio?	*On what dates do the Sundays in July fall?*
Caen en el cinco, el doce, el diecinueve y el veintiséis.	*They fall on the 5th, 12th, 19th and 26th.*

Caer also means *to fall* in the usual sense, and goes like this (note the odd 'I' form):

caigo	*I fall*	caemos	*we fall*
cae	*he/she/it falls, you fall*	caen	*they/you (pl.) fall*

Actividades

▶ 1 From the calendar on page 55, answer these questions on the same pattern.

a ¿En qué día de la semana cae el veintiuno?
b ¿En qué día cae el treinta y uno?
c ¿En qué fecha cae el primer domingo (*the first Sunday*) del mes?
d ¿Y el último domingo? (... *the last Sunday*)
e ¿En qué fechas caen los sábados en julio?
f ¿En qué día cae el veintisiete?
g El quince de julio es el cumpleaños de Isabel – ¿en qué día cae este año?
h En julio, ¿el trece cae en martes?

2 Each line of the grid represents one of the days of the week, but they must be entered in a certain order to reveal, in column A, the name of one of the months. Which day goes in which one, and which month is it?

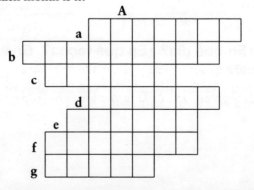

Language point

4 ¿Qué hora es? *What time is it?*

The twenty-four hour clock is used in official timetables, but not in everyday conversation. The usual way of asking and giving the time is shown in the following examples:

¿Qué hora es?	Es la una.	1.00
	Es la una y media.	1.30
¿Qué hora es?	Son las dos menos cuarto.	1.45
	Son las dos.	2.00
	Son las dos y cuarto.	2.15, etc.

Practise saying times in Spanish to yourself in the course of your daily routine, whenever you refer to a clock. To summarize, here is a chart from which you can construct all the times you will need:

Es la una		cinco
Son las dos		diez
Son las tres		cuarto
Son las cuatro	y	veinte
Son las cinco		veinticinco
Son las seis		media
Son las siete		
Son las ocho		veinticinco
Son las nueve	menos	veinte
Son las diez		cuarto
Son las once		diez
Son las doce		cinco

To make things quite clear, you can add **de la mañana** (lit. *of the morning*) for times up till noon, **de la tarde** for the afternoon and early evening, and **de la noche** for 9pm, 10pm, 11pm, and 12pm.

For example:

Son las seis de la mañana.
Son las seis y media de la tarde.
Son las diez de la mañana.
Son las diez de la noche.

Notice the difference between **es la una** and **son las dos**. We also say, of course, **son las tres, son las cuatro**, etc. Do not confuse **cuatro** (*four*) with **cuarto** (*a quarter*). *A quarter to four*, and *a quarter past four* will be **las cuatro menos cuarto, las cuatro y cuarto**. Practise saying these.

▶ Diálogo

Isabel habla con el señor Ortega de su viaje a Edimburgo. *Isabel talks to Mr Ortega about her trip to Edinburgh.*

Listen to (or read) the dialogue at least twice, taking careful note of how Isabel says when things will happen.

Madrid/Edinburgh service

		Dep	Arr	
DAILY (Except Sun)	1B649	1230	1500	DC9 C/Y

Sr. Ortega	¿Qué día va Vd. a Edimburgo? ¿El martes?
Isabel	No. Martes es el día trece. ¡No se puede ir en avión los martes y trece! Voy el miércoles, el día 14.
Sr. Ortega	¿A qué hora sale el vuelo?
Isabel	Es el vuelo IB 649. Sale de Madrid a las doce y media y llega a Edimburgo a las tres de la tarde.
Sr. Ortega	¿Tiene amigos en Edimburgo?
Isabel	Sí. Conozco a un matrimonio, Jane y Paul. Jane es amiga mía y va al aeropuerto. Después vamos las dos a su casa.
Sr. Ortega	Y ¿cuándo vuelve a Madrid?
Isabel	Voy a pasar una semana con ellos, y después paso cuatro días en Londres. Vuelvo a Madrid el veintiséis de junio.
Sr. Ortega	Son unas vacaciones bonitas. ¡Buen viaje!

el viaje	journey
el avión	plane
salir (sale)	to leave (it leaves)
llegar (llega)	to arrive (it arrives)
el amigo	friend
conocer (conozco)	to know (I know)
un matrimonio	a married couple
bonito	nice, pretty
buen viaje	'bon voyage', have a good journey

i Isabel is superstitious – she avoids travelling on Tuesday the 13th, the equivalent of our Friday the 13th. A Spanish proverb says **Trece y martes ni te cases ni te embarques** (*On Tuesday the 13th neither get married nor board a ship*).

Language point

5 How to say 'I know'

Here is an important point. Notice Isabel says **conozco a un matrimonio**, *I know a married couple*. **Conozco** (verb **conocer**) is *I know* in the sense of being acquainted with, knowing people, places, books, etc. To say *I know* of facts you use **sé** from the verb **saber**. For example:

No **sé** qué hora es.
I don't know what the time is.

¿**Sabe** Vd. cuántos habitantes tiene Madrid? No estoy seguro, pero **sé** que hay casi cuatro millones.
Do you know how many inhabitants Madrid has? I'm not sure, but I know there are almost four million.

Actividades

3 Read the following statements and mark whether they are **verdadero** *true* (this has the same meaning as **verdad**) or **falso** (*false*).

	V	F
a Isabel va a Edimburgo el día trece.	☐	☐
b Su vuelo sale a las doce y media.	☐	☐
c Llega a Edimburgo a las tres.	☐	☐
d Isabel no tiene amigos en Edimburgo.	☐	☐
e Va a pasar una semana en Edimburgo.	☐	☐

f Cuando sale de Edimburgo, va a Londres. ☐ ☐
g Jane y Paul no están casados. ☐ ☐
h En Edimburgo, Isabel va a un hotel. ☐ ☐
i Isabel no es supersticiosa. ☐ ☐
j Edimburgo es la capital de Escocia. ☐ ☐

4 Use the Iberia timetable reproduced below to answer the following questions in Spanish.

IBERIA'S NEW SUMMER SCHEDULES
HEATHROW/MADRID SERVICE

		Dep	Arr	
DAILY (Except Sun)	IB603	0730	1030	DC9 C/Y
DAILY	IB601	1145	1445	Airbus F/C/Y
DAILY	IB607	1525	1825	B727 C/Y
DAILY (Except Mon)	IB605	1930	2230	Airbus F/C/Y
Mon only	IB605	2030	2330	Airbus F/C/Y

MADRID/HEATHROW SERVICE

		Dep	Arr	
DAILY	IB600	0920	1030	Airbus F/C/Y
DAILY	IB606	1305	1415	B727 C/Y
DAILY (Except Mon)	IB604	1705	1815	Airbus F/C/Y
Mon only	IB604	1805	1915	Airbus F/C/Y
DAILY (Except Sat)	IB602	1955	2105	DC9 C/Y

---

a ¿Cuándo sale el vuelo IB605 de Heathrow los lunes?
b ¿Cuándo sale el vuelo IB605 de Heathrow los otros días de la semana?
c ¿Cuándo llega el vuelo IB607 a Madrid?
d ¿Cuándo sale el vuelo IB600 de Madrid?
e ¿Cuándo llega el vuelo IB602 a Heathrow?
f ¿Cuándo llega el vuelo IB606 a Heathrow?

You have now covered a great deal of material that will be indispensable on your trip to Spain and in conversation with

Spanish friends or colleagues. You can say when things will happen, describe things and people and say where they are, enquire after people's health and do many other useful 'language tasks' in Spanish.

The following **Self-evaluation** is longer than usual and is intended to help you check that you have understood and remembered some of the main points that we have covered so far. Look back at the relevant unit if you find that you have forgotten something. The questions are all personal to you (hence **preguntas impertinentes**, *impertinent questions*) so we cannot give the answers in the **Key**.

Self-evaluation: preguntas impertinentes

- ¿Cómo se llama Vd.? ¿Es Vd. inglés (inglesa)? ¿Habla Vd. español?
- ¿Habla Vd. francés?
- ¿Está Vd. casado (casada) o soltero (soltera)?
- ¿Es Vd. comunista, socialista, socialdemócrata, liberal, conservador o fascista?
- ¿Qué hace Vd.? ¿Dónde trabaja Vd.?
- ¿Es Vd. millonario? ¿No tiene Vd. mucho dinero?
- ¿Dónde vive Vd.? ¿Vive Vd. en una casa o un piso?
- ¿Cómo es, grande o pequeño?
- ¿Cuántas personas hay en su familia? ¿Quiénes son, y cómo se llaman? ¿Tiene una fotografía de su familia?
- ¿Tiene Vd. un coche? ¿Es necesario un coche para Vd.?
- ¿No son convenientes los taxis para Vd.?
- ¿Es de Vd. este libro de español? ¿Es interesante este libro? ¿Trabaja Vd. mucho con este libro?
- ¿Va Vd. mucho a España? ¿Por qué? (¿Por qué no?) ¿Va Vd. a España para trabajar o para pasar las vacaciones? ¿En qué mes va Vd. de vacaciones?
- ¿Cómo va Vd. de vacaciones – en tren, en coche, en autobús o en avión?
- ¿Sale Vd. de casa todos los días? ¿A qué hora? ¿A qué hora llega Vd. a casa?
- ¿Qué hora es en este momento? ¿Qué día es? ¿Qué fecha es? ¿Cuándo es su cumpleaños?
- ¿Es Vd. supersticioso (supersticiosa)? ¿Está Vd. contento (contenta)? ¿Está Vd. preparado (preparada) a estudiar Unit 8?

If you scored well, congratulations – all you need to do is practise a bit more on those areas where you found the test difficult by listening to or reading the relevant dialogues, checking the **Language point(s)** sections and making sure you can produce the phrases yourself; then proceed to Unit 8.

If you found it difficult, it would be worth returning to the units that covered the material you found problematic and practising by redoing a few exercises. Perhaps you should go a little more slowly and make more thorough use of the **Key** every time you have completed an exercise to make sure you've really mastered one set of information before moving on to the next.

Remember that it's important to take every opportunity to talk to and listen to native Spanish speakers, as this is the best way to improve your own accent, fluency and confidence. Once you have really understood the basics, a few spoken mistakes will not prevent you from being understood and communicating successfully with a Spanish speaker. Also make sure that you make the most of this course by following the study guidelines on how to learn, given in the introduction, adapting them if you prefer to suit the way in which you learn most easily.

Informe extra

Coma en Asturias,
sin salir de Madrid

Restaurante

el llar

Fernández de los Ríos, 11
Teléfono 593 83 16   28015 MADRID

The northern region Asturias (capital Oviedo) is known for its substantial gastronomy. In this restaurant you can 'eat in Asturias without leaving Madrid'. A *llar* is a cooking hearth.

08

deseos y exigencias
wishes and requests

In this unit you will learn
- to say what you would like
- to say what you need
- to buy tickets

Language point

1 Verb groups

In Unit 6, we referred to the form of a verb known as the infinitive – the dictionary entry or 'name' of the verb, usually the form with *to* in English: *to speak, to eat, to live*, etc. In Spanish these forms will be words ending in **-ar** (e.g. **hablar**), **-er** (e.g. **comer**), or **-ir** (e.g. **vivir**). You will already have realized that Spanish works by changing the ending of these words to indicate who is doing the action. Thus for *I* the ending will nearly always be **-o** (e.g. **hablo**, *I speak*; **como**, *I eat* and **vivo**, *I live*). The exceptions to this are given below. For other persons – *he, she, you, we, they* – the endings are similar to each other but have a characteristic vowel, as you can see:

	-ar	-er	-ir
I	habl**o**	com**o**	viv**o**
he/she/it/you (Vd.)	habl**a**	com**e**	viv**e**
we	habl**amos**	com**emos**	viv**imos**
they/you (Vds.)	habl**an**	com**en**	viv**en**

There are, however, lots of oddities and irregularities, so it's best to learn verb forms as you go along – we will point out important deviations from the pattern as they occur. For example, you already know most of the verbs which do *not* end in **-o** to indicate *I*. They are **soy**, *I am*; **estoy**, *I am*; **voy**, *I go*; **sé**, *I know* and **doy**, *I give*.

▶ Diálogo 1

Paco's father, Mr Ruiz, is buying a plane ticket for a trip to Madrid to visit his son. Listen to (or read) his conversation with the lady at Iberia, and notice how he says what he needs or wants.

Sr. Ruiz	Necesito un billete para Madrid, para el jueves.
Señorita	¿Quiere Vd. un billete de ida y vuelta o sólo de ida?
Sr. Ruiz	Quiero uno de ida y vuelta, por favor.
Señorita	¿A qué hora quiere salir?
Sr. Ruiz	Necesito estar en Madrid a las tres de la tarde.
Señorita	Hay un vuelo que sale a las doce y cuarto, y llega a la una de la tarde.

Sr. Ruiz	Muy bien. ¿Quiere hacer la reserva, por favor?
Señorita	Pues son noventa y seis euros.
Sr. Ruiz	Quisiera pagar con Visa.
Señorita	No hay problema. ¿Necesita Vd. algo más?
Sr. Ruiz	No, gracias.

salir	*to leave*
hacer	*to make, do*
un billete de ida y vuelta	*a return ticket*
un billete de ida sólo	*single ticket*
necesitar	*to need*
necesito estar en Madrid	*I need to be in Madrid*
¿quiere hacer la reserva?	*would you make the reservation?*
querer	*to wish, want, love*
¿necesita Vd. algo más?	*do you need anything else?*
quisiera pagar	*I would like to pay*

Language points

2 Quiero ... *I want* ...

With **quiero** you can simply use the name of whatever item it is that you want, as in the following examples:

Quiero un café.	*I want a coffee.*
Quiero este libro.	*I want this book.*
Quiero dos entradas.	*I want two tickets.*

However, you might need to say that you want to *do* something or *be* something, as in these examples:

Quiero tomar un aperitivo.	*I want to have an aperitif.*
Quiero hablar español.	*I want to speak Spanish.*
Hoy quiero estar en casa.	*Today I want to be at home.*

The verb that follows **quiero** in each of these sentences is in the 'infinitive' form.

Quiero can be used with reference to a person (though you also have to insert the little word **a** before the name), but in this context it means *I love* ... . For example:

Quiero mucho **a** mis padres.	*I love my parents very much.*
La Sra. Méndez **quiere a** su marido.	*Mrs Méndez loves her husband.*

3 Quisiera ... *I'd like ...*

In English there is a difference in tone between the straightforward *I want* and *I would like*, which is less blunt and demanding. A similar difference exists in Spanish between **quiero** and **quisiera**. For example:

Quiero un café.	*I want a coffee.*
Quisiera un café.	*I would like a coffee.*
Quisiera hablar bien el español.	*I'd like to speak Spanish well.*

However, **quiero** is quite acceptable in most circumstances, for example when ordering in a restaurant (as you will see in Unit 18).

Note that **quisiera** ends in **-a** whether it is used with *I* or *he/she/it/you*.

4 Necesito ... *I need ...*

Necesito works in the same way as **quiero** in that it can be used with a noun (the name of something or someone) or with the infinitive form of a verb.

Necesito un billete de ida y vuelta.	*I need a return ticket.*
¿Necesita Vd. viajar a Zaragoza?	*Do you need to travel to Zaragoza?*
Necesitan un coche.	*They need a car.*

Actividades

1 Here are some things that Isabel needs to do in a busy day. Answer the questions for Isabel, saying you would like (**quisiera**) or you need (**necesito**) whatever it is at the time indicated in brackets. The first one has been done for you.

a ¿Cuándo necesita llegar a la oficina? (0900) *Necesito llegar a las nueve.*
b ¿A qué hora necesita Vd. salir? (0830)
c ¿A qué hora quiere Vd. llamar por teléfono? (1015)
d ¿Cuándo necesita hablar con el director? (1145)
e ¿A qué hora quiere Vd. comer? (1400)
f ¿Cuándo quiere tomar un gin-tonic? (1330)
g ¿A qué hora necesita Vd. estar en casa? (1700)
h ¿Cuándo necesita ir al dentista? (1730)
i ¿Para qué hora quiere Vd. las entradas? (1930)
j ¿Para qué hora quiere hacer la reserva en el restaurante? (2230)
k ¿A qué hora necesita Vd. salir con el perro? (2400)

2 Listen to (or read) Dialogue 1 again and respond with **Verdadero** or **Falso** to each of the statements.

	V	F
a El Sr. Ruiz quiere tomar el tren.	☐	☐
b Quiere un billete de ida sólo.	☐	☐
c El vuelo sale a las once horas.	☐	☐
d Quiere ir a Madrid el jueves.	☐	☐
e El Sr. Ruiz no quiere una reserva.	☐	☐
f El Sr. Ruiz dice que quiere pagar con su tarjeta de crédito (*credit card*).	☐	☐
g El avión llega a Madrid en tres cuartos de hora.	☐	☐
h El Sr. Ruiz paga sesenta euros.	☐	☐

Documento número 7

Look at the above ticket for a train journey from Alacant (Alicante) to Aguilar de Campóo. What can you glean from it? Check your answers with the key.

a Price?
b How was it paid?
c Date ticket sold?
d Date of travel?
e How long did the journey take?
f Seat reservation?
g Tourist or first class?
h Special concession
i Last moment for boarding?

▶ Diálogo 2

Listen to (or read) this short dialogue between Isabel and Ricardo.

Isabel ¿Qué quiere Vd. – un té o un café?
Ricardo Quiero un café.
Isabel ¿Cómo lo quiere – solo o con leche?
Ricardo Lo quiero con leche.
Isabel ¿Quiere azúcar?
Ricardo No. No quiero azúcar.

¿cómo lo quiere?	*how do you want it?*
lo quiero ...	*I want it ...*
la leche	*milk*
el azúcar	*sugar*

Language point

5 Lo/la quiero *I want it*

When instead of repeating the noun it is quicker and more natural to substitute *it*, Spanish does this by inserting **lo** or **la**. Use **lo** if the replaced word is masculine, and **la** if the replaced word is feminine. These become **los** and **las** (meaning *them*) when they replace plural words. Study the following examples:

Necesito un billete para Madrid. <u>Lo</u> necesito para viajar el día 19.

I need a ticket for Madrid. I need <u>it</u> for travelling on the 19th.

Tengo dos entradas de teatro. ¿<u>Las</u> quiere Vd.?

I have two theatre tickets. Do you want <u>them</u>?

Quisiera un té. <u>Lo</u> quisiera con limón.

I should like some tea. I'd like <u>it</u> with lemon.

Actividad

3 Choose **lo, la, los** or **las** to fill the gaps in the sentences below.

a ¿Cómo quiere Vd. el café – solo o con leche? _____ quiero solo.

b Quiero cuatro entradas de teatro. _____ quisiera para el jueves.

c Necesito dos billetes para Málaga. _____ quiero de ida y vuelta.

d ¿Cómo quiere Vd. el té – con leche o con limón? _____ quiero con limón.

e ¿Cómo quiere Vd. su aperitivo? _____ quisiera con mucha tónica y poco gin.

The language in this short unit is closely linked with that in the next. When you have checked your progress with the **Self-evaluation** below, go straight to Unit 9.

Self-evaluation

Can you say the following in Spanish?
1 I'd like a coffee.
2 I need to be in Madrid on Friday.
3 Would you make a reservation, please?
4 I need to be in the office for a meeting on the 17th.
5 I'm going to Paris tomorrow. The flight leaves at 10.15am.
6 I'd like two theatre tickets for the 23rd, please.

Informe extra

PARA CUALQUIER INFORMACIÓN

902 197 197

http://www.correos.es

POSTAL EXPRÉS

El mejor precio del mercado
para tus paquetes urgentes

**LLEGA ANTES
CUESTA MENOS**

Correos, the Spanish Post Office provides all the usual services, and, as elsewhere is in competition with private carriers. Its logo is a post-horn and a crown. This advertisement is for its express parcel service 'arrives earlier, costs less.'

09

gustos y preferencias

tastes and preferences

In this unit you will learn
- to express a preference
- to say what you like and dislike

Language point

1 Me gusta ... *I like* ...

If you wish to say: you say:

> *I like music*   **me gusta la música**
> *I love Scotch whisky*   **me gusta mucho el**
>   **güisqui escocés**
> *I adore the Spanish Pyrenees* **me gusta muchísimo**
>   **el Pirineo español**

In saying **me gusta la música** what you have in fact said is *music pleases me* and you can add **mucho** or **muchísimo** to express stronger degrees of liking. So *I like* is always **me gusta** or **me gustan,** according to whether you like one thing or more than one. For example:

> Me gusta el té con limón.
> Me gusta ir al cine.
> Me gusta el arte de Picasso.
> Me gustan los cafés de Madrid.
> Me gustan los perros.
> Me gustan todas las óperas de Verdi.

If you didn't like these things, you would say:

> No me gusta el té con limón.
> No me gusta la música de Verdi.
> No me gustan los perros, etc.

▶ Lectura

La vida de los Méndez *The life of Mr and Mrs Méndez*

La Sra. Méndez habla de su vida en Madrid. *Mrs Méndez talks about her life in Madrid.*

Read or listen twice to this description of the life of Mr and Mrs Méndez in Madrid. Pay special attention to how Mrs Méndez talks about her own and her husband's likes and dislikes.

No me gusta la vida moderna. No me gusta vivir en Madrid. Hay demasiado tráfico. Hay demasiados coches en la calle. Quisiera vivir en Málaga pero mi marido no quiere. Mi marido se llama Benito. Benito Méndez Ortigosa. Quiero mucho a mi marido. Es un ángel. No tenemos mucho dinero pero estamos muy contentos. A mi marido le gusta vivir en Madrid. Dice que es más animado, más interesante. Le gusta ir al café con los amigos. Hablan de política y de fútbol. A mí me gusta ir al café para tomar un té o un chocolate. Me gusta también la televisión. Pero hay demasiada política y demasiado fútbol. Me gustan los seriales. A mi marido no le gustan. Dice que son demasiado sentimentales. Pero yo prefiero los seriales a la política.

la vida	*life*
el dinero	*money*
animado	*lively*
demasiado, demasiada	*too, too much*
demasiados, demasiadas	*too many*
preferir, prefiero	*to prefer, I prefer*

Language point

2 Emphasis: likes and dislikes

A common way of expressing emphasis in likes is:

<u>A mí</u> me gustan los seriales.   *I like serials. My husband*
  <u>A mi marido</u> no le gustan.   *doesn't.*
¿<u>A Vd.</u> le gusta la política?   *Do you like politics?*

The words **a mí, a mi marido, a Vd**. are put in for emphasis.

Actividad

1 Fill in the gaps in the answers to the questions.

¿Qué dice la Sra. Méndez de Madrid?
a Dice que _____ _____ _____ vivir en Madrid.
¿Qué dice de Málaga?
b Dice que _____ vivir en Málaga.
¿Qué dice de su marido?
c Dice que le _____ mucho.
d Dice que _____ _____ Benito.
e Dice que es _____ _____ .
f Dice que _____ _____ vivir en Madrid.
¿Qué dice de ir a tomar chocolate?
g Dice que _____ _____ .
¿Qué dice de la televisión?
h Dice que hay _____ _____ .
¿Qué dice de los seriales en la televisión?
i Dice que _____ _____ .
¿Qué dice el Sr. Méndez de los seriales?
j Dice que _____ _____ _____ .
¿Le gustan al Sr. Méndez los seriales?
k No. No _____ _____ .

Notice the word order of the last question. While the English is simpler *Does Mr Méndez like (the) serials?* the Spanish literally means *to him/please/to Mr Méndez/the serials?* where *to him* and *to Mr Méndez* repeat the same thing. You will notice this sort of repetition often in the later part of the book. It is characteristic of Spanish. You have seen it already in **a mí me gusta** and **a mi marido le gusta**. Here **a mí** and **me, a mi marido** and **le** say the same thing twice to give emphasis and clarity.

▶ Diálogos

Of course, even if you like something you don't always want it. Look at the following little dialogues:

Diálogo 1

Señor A ¿Quiere un café?
Señor B No, gracias.
Señor A ¿No le gusta?
Señor B Sí, me gusta, pero no me apetece ahora.

| Señor A | ¿Le apetece un aperitivo? |
| Señor B | Sí, me apetece un vermú. |

Diálogo 2

Ricardo	¿Quiere Vd. tomar algo?
Isabel	Sí. Gracias.
Ricardo	¿Qué le apetece? ¿Güisqui, gin-tonic, vermú?
Isabel	No. No quiero alcohol. Me apetece un té, si lo hay.
Ricardo	¿Lo prefiere con leche o limón?
Isabel	Prefiero té con leche, por favor.

apetecer (me apetece)	to appeal (lit. it appeals to me)
el vermú	vermouth
algo	something
si lo hay	if there is one/some

Language points

3 Me apetece … *I feel like …*

Me apetece means *I feel like it* (lit. *it appeals to me*) and works in just the same way as **me gusta** in that it can be used with a noun or a verb.

No me apetece salir.

¿Le apetece un aperitivo?

No le apetece trabajar hoy.

A mí no me apetece ir al cine, pero a mi amigo sí.

I don't feel like going out.

Do you feel like an aperitif?

He/she doesn't feel like working today.

I don't feel like going to the cinema, but my friend does.

4 Prefiero … *I prefer …*

Notice that *to prefer* is **preferir**. *I prefer* is **prefiero** and *he/she prefers/you prefer* are **prefiere**, or **Vd. prefiere**. The vowels -ie- appear instead of the -e- in the second syllable. *They prefer* is **prefieren**, but *we prefer* is **preferimos**, without the -ie-. This is a common pattern in Spanish – our new verb **quiero, quiere, quieren** but **queremos** (infinitive **querer**) behaves in exactly the same way. You will notice other examples of vowel changes, but just learn them as they occur.

Actividades

▶ 2 Speaking of coffee, can you:
   a say that you like it?
   b say that you prefer it with milk?
   c say that you don't want sugar?
   d say that you don't feel like a coffee now?

   Speaking of tea, can you:
   e ask Isabel if she wants one?
   f ask her how she wants it?
   g ask her if she always (**siempre**) prefers it with milk?
   h ask her if she doesn't like tea with sugar?

   Speaking of alcoholic drinks, can you:
   i ask Paco if he likes Spanish wines?
   j ask him if he prefers whisky or vermouth?
   k ask him if he feels like a gin and tonic?
   l ask him if he wants lemon in it?

3 You are in a thoroughly bad mood and don't feel like doing any of the things your friend suggests. Express your feelings as indicated in the square brackets after each question.

   a ¿Quiere ir al cine? [you don't feel like it]
   b ¡Vamos al café para tomar un chocolate! [you don't like chocolate]
   c ¿Prefiere Vd. un gin-tonic? [no, you don't want a gin and tonic]
   d ¿Quiere ir a la ópera? [you don't like Verdi's music]
   e ¿Prefiere salir en el coche? [you don't feel like it]
   f Entonces, ¿quiere Vd. ir a casa? [yes, you feel like going home]

4 Using the information in Mrs Méndez's description of life in Madrid, imagine that you are Mr Méndez and match the phrases on the left with those on the right to make as many truthful sentences as you can.

   a A mí no me gusta   i   hablar de fútbol.
   b A mi mujer le gusta   ii   vivir en Madrid.
   c A mí me gusta   iii   el té.
   d A mi mujer no le gusta   iv   el chocolate.
                                 v   la vida moderna.
                                 vi   la vida en Málaga.
                                 vii   un serial.
                                 viii la política.

Documento número 8

```
*PARADOR DE TURISMO*
     NIF. A-79855201
  IVA INCLUIDO*GRACIAS*

    *SALAMANCA*

  08—04—08      15:50

C001                    131


4X                  @1,50
CAFE                 .6,00
4X                  @1,35
BOLLOS Y SIM         .5,40
CAJA             −11,40€
```

This café bill from the **Parador** at Salamanca has a lot of information. You can see the date and time, and that VAT is included. (Value Added Tax is **IVA – Impuesto de Valor Añadido**.) **Bollos y Sim(ilares)** refers to the pastries that we ate.

Try these questions:

a ¿Cuánto es un café?
b ¿Cuánto son cuatro cafés?
c ¿Para qué fecha es?
d ¿A qué hora?

Language point

5 Expressing likes and dislikes with *gustar*

Finally in this unit, here is a summary of this way of expressing your likes and dislikes (**gustar** and **apetecer** work in exactly the same way, so only **gustar** is given here). The examples below also include the *we* and *they* forms, which you have not used so far.

Me gusta el vino español.	*I like Spanish wine.*
Me gustan los vinos españoles.	*I like Spanish wines.*
Le gusta el viño español.	*He/she likes, you like Spanish wine.*
Le gustan los vinos españoles.	*He/she likes, you like Spanish wines.*
Nos gusta el vino español.	*We like Spanish wine.*
Nos gustan los vinos españoles.	*We like Spanish wines.*
Les gusta el vino español.	*They like Spanish wine.*
Les gustan los vinos españoles.	*They like Spanish wines.*

Remember that you can intensify what you are saying in this context by adding **mucho** or **muchísimo**.

It helps to know that what you are really saying is that Spanish wine or wines please me/him/her/you/us/them. Liking things is always expressed in this way (or disliking, if you place **no** in front). It is very easy once you have practised it a little. The same idea lies behind other phrases which you will come across later.

One final point – if you are offered a choice but you have no particular preference, you can say:

Me da igual.   *It's all the same to me.*

Documento número 9

A travel agency is advertising some cheap flights (**a precios de auténtica ganga,** *at real bargain prices*)

V I A J E   a
MALLORCA • MENORCA
TENERIFE •
GRAN CANARIA y
LANZAROTE
a precios de auténtica
GANGA

• IDAS o REGRESOS •
Islas Baleares 30€
Islas Canarias 50€

OFERTA LIMITADA EN CAPACIDAD Y FECHAS HAGA SU RESERVA EN VIAJES BARCELO

INFORMACION Y RESERVAS

MADRID
Princesa, 3 (Metro Pza. España)
Tel: (91) 559 18 19
A. DE HENARES
Azuceno, 1 (Edif. Cuatro Coñas)
Tel: (91) 888 51 63
TOLEDO
C/ Uruguay, 4 (Santa Teresa)
Tel: (925) 25 13 99

Viajes
Barceló

Try these questions:
a ¿Quiere Vd. ir a Mallorca? (*Say, no, you don't*)
b ¿O prefiere ir a Gran Canaria? (*Say, yes, you do*)
c ¿Cuánto cuesta ir a las islas Baleares?
d ¿Y cuánto a las Canarias?
e ¿Dónde necesita hacer la reserva?

Self-evaluation

Can you do the following?
1 Say you like music.
2 Say you like flamenco music very much.
3 Say you do not like football.
4 Say you prefer classical music (**la música clásica**).
5 Ask someone if he/she likes flamenco.
6 Ask someone if he/she prefers flamenco or classical music.
7 Say you want to go home because you don't feel like doing any more work and you need a gin and tonic.

Informe extra

```
LEONARDO JOSE PARDO RODRIGUEZ
          PZA. ESPAÑA 12
       Telf/Fax: 979122143
    348000 AGUILAR DE CAMPOO
         Nif: 12698461-T
-------------------------------
Venta: 66129/2  31/08/07 12:34
-------------------------------

SOBRES AUTODEX 10 U.
     1 x      0,60  =     0,60
POSTALES
     5 x      0,25  =     1.25
EL PAIS
     1 x      1,00  =     1,00
SELLO 0.58 ADHESIVO
     5 x      0,58        2,90

TOTAL+IVA:                5,75
Base: 1, 59 IVA: 16,000% 0,26
Base: 0,96 IVA:  4,00% 0.04
Base: 2,90 IVA:  0,00% 0,00

Vendedor : GE
F. de Pago: EF
Artículos: 12

       5,75 Euros
    Gracias por su compra
```

In every town in Spain you will see small shops or kiosks labelled *Estanco* or *Tabacos*. These are state concessions which originated when the sale of tobacco and stamps was a government monopoly. Nowadays they carry a much wider range of goods, though they remain state concessions, and for stamps they can save you a trip to *Correos*. In this bill you can see that the customer bought a pack of ten envelopes, five postcards and stamps and a newspaper.

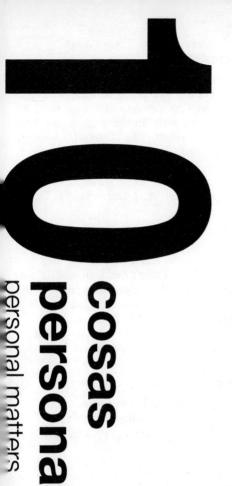

10

cosas personales

personal matters

In this unit you will learn
- to talk about personal activities such as washing and dressing
- to make impersonal statements about people in general

Language point

1 (Me) lavo *I wash (myself)*

Many of the things we do reflect on ourselves, i.e. they are personal activities such as getting up, going to bed, washing, dressing, sitting down, as well as personal feelings such as enjoying oneself, or feeling ill or well. In these cases, Spanish uses the little words **me** (*myself*), **se** (*himself herself, yourself/yourselves*), and **nos** (*ourselves*) together with the verb expressing the action or state. The little words used in this way are called 'reflexive pronouns'. You have already seen an example in **me llamo** *my name is* (lit. *I call myself*). Other examples are:

me lavo	*I wash (myself)*
me levanto	*I get up*
me siento bien	*I feel well*
no **me siento** bien	*I don't feel well*
Paco **se levanta** a las siete.	*Paco gets up at seven.*
La señora Méndez siempre **se siente** bien en Málaga.	*Mrs Méndez always feels well in Málaga.*
Nos divertimos mucho cuando estamos de vacaciones.	*We enjoy ourselves a lot when we are on holiday.*

Notice the difference between the following two sentences:

Lavo el coche todos los domingos

I wash the car on Sundays.

Me lavo todos los días.

I wash (i.e. myself) every day.

▶ Monólogos

Monólogo 1

Isabel habla de lo que Paco hace todas las mañanas. *Isabel describes what Paco does every morning.*

Paco se levanta a las siete. Se lava y se viste y sale de casa a las ocho menos veinte. Va en coche a la oficina. Llega a las ocho, y se sienta inmediatamente para trabajar. Le gusta su trabajo. Tiene compañeros simpáticos y se siente bien en el ambiente de la oficina.

Notes

Se viste means *he gets dressed*. **El ambiente** means *the atmosphere* or *the environment*. Notice **se siente**, *he feels*, and **se sienta**, *he sits down*. The two verbs are very alike. **Me siento** can mean *I feel* or *I sit*. The first is from **sentir**, *to feel*, and the second from **sentar**, *to seat* or *sit*.

▶ Monólogo 2

Now Paco gives you the same information, speaking for himself. Notice how the verbs change – they will end in **-o**, of course (see Unit 8).

Me levanto a las siete. Me lavo y me visto y salgo de casa a las ocho menos veinte. Voy en coche a la oficina. Llego a las ocho, y me siento inmediatamente para trabajar. Me gusta mi trabajo. Tengo compañeros simpáticos y me siento bien en el ambiente de la oficina.

▶ Monólogo 3

Now Mrs Méndez describes her morning routine and her husband's:

Benito y yo nos levantamos tarde. No tenemos prisa porque mi marido está jubilado y no trabaja. Nos lavamos y nos vestimos y salimos a la calle a las doce. Vamos al café y nos sentamos en la terraza. Nos gusta salir todos los días.

Notes

Tener prisa means *to be in a hurry*. **No tenemos prisa** is *we're not in a hurry*. Benito Méndez is retired (**jubilado**). Instead of saying **nos lavamos y nos vestimos**, Mrs Méndez could have said **nos arreglamos**, *we get ready*. **Arreglar** is *to arrange*. If you want to use it in the special sense of *to arrange onself*, or *get* *ready*, you would call the verb **arreglarse**. You put -**se** on the end of an infinitive to show it is being used in this 'reflective' way. **Hablar** is *to speak*; **hablarse** is *to talk to yourself*!

Actividad

1   Answer these questions on the little monologues above:

   a   ¿Qué hace Paco a las siete?
   b   ¿Y qué hace inmediatamente después?
   c   ¿A qué hora sale de casa?
   d   ¿Qué hace cuando llega a la oficina a las ocho?
   e   ¿Por qué se siente bien en el ambiente de la oficina?
   f   ¿Los Méndez se levantan a las siete?
   g   ¿Por qué no?
   h   ¿Qué hacen antes de salir? (**antes de**, *before*)
   i   ¿Qué hacen cuando llegan al café?
   j   ¿Qué dice la señora de salir todos los días?

Language point

2 Se dice *One says*

Another helpful use of the little word **se** is when you are talking about people in general. (See also Unit 6.) For example, you might want to say:

> In Spain, one says 'buenos días'.
> or In Spain, you (you in general) say 'buenos días'.
> or In Spain, they (i.e. people in general) say 'buenos días'.
> All of these are translated by:
> En España, **se dice** 'buenos días'.

You have seen this sort of phrase before in:

Se habla español.	*One speaks Spanish/Spanish spoken.*
Se puede ...?	*May one ...? or may I...?*

Notice the invaluable question

¿Cómo se dice ... en español?	*How do you say ... in Spanish?*

Several verbs can be used in this way to ask about what is generally done. Here are some more examples:

En Inglaterra, **se bebe** más té que café.	*In England, they drink more tea than coffee.*
En España, **se bebe** más café que té.	*In Spain, they drink more coffee than tea.*
En Inglaterra, **se paga** en libras esterlinas.	*In England, one pays in pounds sterling.*
En España, **se paga** en euros.	*In Spain, one pays in euros.*
En Inglaterra, **se circula** por la izquierda.	*In England, you drive on the left.*
En España, **se circula** por la derecha.	*In Spain, you drive on the right.*
Notice: **por la derecha**	*on the right*
por la izquierda	*on the left*

Notice also **más … que**, *more … than*. This invaluable little word **que** can mean *who, which, that* or *than*, and in a question **¿qué?** can mean *which?* or *what?* **Que** cannot be omitted, unlike *which* or *that* in English:

El libro **que** tengo …	*the book (which/that) I have …*

Actividades

2   Look again at the descriptions of what Paco and Mrs Méndez do every morning. Here are the answers they give to your questions. What did you ask them?

   a Paco: Me levanto a las siete.
   b Paco: A las ocho menos veinte.
   c Paco: Llego a las ocho.
   d Paco: Sí. Me gusta.
   e Paco: Porque tengo compañeros simpáticos.
   f Sra. Méndez: Nos levantamos muy tarde.
   g Sra. Méndez: Porque mi marido no trabaja.
   h Sra. Méndez: Porque está jubilado.
   i Sra. Méndez: A las doce.
   j Sra. Méndez: En la terraza.

3   Choose one of the phrases on the right to complete each of the sentences started on the left.

   a En España, se circula

   i en la terraza.
   ii por la derecha.
   iii a las doce.

b En Cataluña
   i les gusta el té.
   ii no se entiende catalán.
   iii viven los catalanes.

c A las siete de la tarde
   i me lavo.
   ii salgo de la oficina.
   iii me visto.

d Los señores Méndez se levantan
   i tarde.
   ii en la oficina.
   iii después de vestirse.

e Paco se siente bien en la oficina porque
   i le gusta sentarse.
   ii no le apetece el trabajo.
   iii tiene compañeros simpáticos.

f Cuando los señores Méndez van al café
   i beben un güisqui.
   ii toman un chocolate.
   iii llegan a las cuatro.

4 Use **se** verbs to say that:
a One has an aperitif at 7pm.
b One eats well in Spain.
c They speak Spanish well in Burgos.
d People feel happier at home than in the office.
e One needs to work a lot.
f One goes out with the dog every day.
g You may not pay by cheque.
h In England, people drink more tea than wine.

Documento número 10

Look at the job advertisement opposite for a receptionist in a computer company (*computing* is **informática**). Notice **se ocupará**, *he/she will occupy himself/herself* (secretarial work is also required) and **se requiere**, *one requires* (they want English and/or French with computer literacy and word-processing skills) and **se ofrece**, *one offers*. In the address, **apartado 6102** is a post office box number.

What three things will the company offer someone with these skills?

IMPORTANTE EMPRESA DE INFORMÁTICA
Solicita
RECEPCIONISTA
Se ocupará también de ciertas labores de Secretariado

Se requiere:
- Imprescindible inglés y/o francés para atender llamadas telefónicas en dichos idiomas.
- Experiencia en sistemas de informática y tratamiento de textos sobre PC.
- Edad desde 18 a 25 años.

Se ofrece:
- Contrato laboral.
- Incorporación inmediata.
- Horario de 8,30 a 13,30 y de 14,30 a 17,30.

**Escribir urgentemente al apartado 6102,
28080 MADRID, adjuntando
Curriculum Vitae con fotografía (imprescindible),
e indicando pretensiones económicas.
Ref. RECEPCIONISTA/6.**

Self-evaluation

Can you do the following in Spanish?
1 Say Paco is in a hurry.
2 Say we are in a hurry.
3 Say you get dressed at 7am and go out at 8.30.
4 Say that you have a good time on Saturdays.
5 Say you don't feel well, you want to return home.
6 Ask if it's possible to pay with a credit card.
7 Say that you get up late every Sunday.
8 Say that you don't like working in the office, because your colleagues are unpleasant.

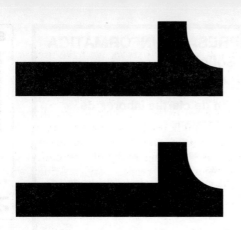

11

entre amigos

between friends

In this unit you will learn
- to say *you* when talking to family and friends

Before you start

So far in this book, in talking to another person, we have used the forms **Vd.** (**usted**) and **Vds.** (**ustedes**) for *you*. But Spanish, in common with French, German, Italian and other languages (but not English) has more than one way of saying *you*. If you know a person well, or if you want to talk to them informally, you address them as **tú**, not **Vd**. Tú is used among members of a family, between friends, when talking to children, and among young people generally. Its use is spreading as the old formality of Spanish life gives place to a more relaxed style. Adults meeting each other for the first time in a private social function will often address each other as **tú**. This familiar form will also be used in shops, by visiting traders, and even in banks. So it is sometimes difficult to know whether to use **tú** to a Spanish acquaintance or **Vd**. Never use **tú** to someone who addresses you as **Vd.**, except to children. If in doubt, keep to **Vd.** until your Spanish friend uses **tú**. It is better to be thought too formal than too familiar, which is why we have started off by using **Vd**. But you will hear a much greater use of **tú** in Spain, if not in South and Central America, depending on the social and age groups you are mixing in.

This unit will give you some practice in the use of **tú** (and its plural **vosotros**). We shall do this by means of re-working some of the material we have had in previous units, which will at the same time give you some useful revision before you move on to the second part of the book.

Language points

1 Saying 'you': *Vd.* and *tú*

Listen to, or read through, the following short exchanges, which we have adapted as necessary from dialogues you have already seen. Henceforward it will be natural, as they are young people, to talk to Paco and Isabel as **tú** (or jointly as **vosotros**). Mr and Mrs Méndez, however, are an older and more old-fashioned couple, so it will be more appropriate to continue to use **Vd.** and **Vds.** when talking to them.

▶ **From Unit 1**

¿Quién es Vd?	Soy el Sr. Méndez.
¿Quién eres (tú)?	Soy Paco.
¿Eres Luisa?	No. No soy Luisa.
¿Cómo te llamas, pues?	Me llamo Isabel.

▶ **From Unit 2**

¿De dónde eres, Paco? — Soy de Madrid.

¿De dónde eres, Isabel? — Soy de Madrid también.

¿De dónde sois, Isabel y Paco? — Somos de Madrid.

▶ **From Unit 3**

¿Dónde vives, Isabel? — Vivo en la calle Almagro.

¿Y dónde trabajas? — Trabajo en la calle María de Molina.

2 Saying 'you are' (1): *Vd. es* and *tú eres*

Notice that if you are talking to someone as **Vd.**, you use:

es	vive	trabaja

but when addressing them as **tú**, you use:

eres	vives	trabajas

The forms used with **tú** always end in -s. More examples:

▶ **From Unit 4**

¿Cómo está Vd., doña Aurora? — Estoy bien, gracias, ¿y Vd.?

Hola, Paco. ¿Cómo estás? — Estoy bien, gracias, ¿y tú?

¿Estás de vacaciones? — Todavía no. Voy en julio.

▶ **From Unit 5**

Isabel, ¿cuántos hermanos tienes? — Tengo una hermana y dos hermanos.

Paco, ¿dónde tienes tu coche? — Está en la calle. No tengo garaje.

Isabel, ¿tienes un coche para ti sola? — No. A mí me gustan los taxis.

▶ **From Unit 6**

¿Cuándo vas a Santander, Paco? — Voy el 5 de junio.

¿Y cuándo vuelves a Madrid? — Vuelvo el 10 de junio.

3 Words for 'you' and 'your': *tú, ti, tu*

You will notice that when using **tú** to Paco or Isabel we also have to say **tu coche** (*your car*) and **para ti sola** (*for you alone*).

4 Saying 'you are' (2): *vosotros sois*

In all the above, we have been addressing Paco or Isabel as **tú**. Look again at the verb forms we have been using. But when we asked them jointly where they were from, we said:

¿De dónde sois, Isabel y Paco?

You use **sois** when talking to two people, or a group of people, with all of whom you are familiar. The word for *you* in this case is **vosotros**, replacing **Vds**. Look again at **Actividad 4** in Unit 6, where we asked questions of the Méndez couple. If we knew them well enough to use familiar forms of address, we should ask:

¿Por qué estáis en Málaga?
¿Cuándo volvéis a Madrid?
¿Cuánto tiempo pasáis en Malaga?
¿Estáis en un hotel?
¿Dónde vais hoy para tomar el aperitivo?
¿También coméis en el café?
¿Tenéis familia en Málaga?
¿Qué hacéis después de la siesta si no visitáis a amigos?

Read the above again, and compare with the earlier version, noting the changes we have had to make in switching from **Vds.** to **vosotros**.

Below is a tabulation of these forms of some common verbs.

Vd.	tú	Vds	vosotros
es	eres	son	sois
está	estás	están	estáis
tiene	tienes	tienen	tenéis
sale	sales	salen	salís
va	vas	van	vais

You need not spend a lot of time learning the plural forms yet, as most conversations are one-to-one, rather than to pairs or groups. Concentrate on the **tú** forms for the present.

▶ From Unit 8

¿Qué quieres – un té o un café?   Quiero un café.

¿Cómo lo quieres – con leche?   No. Lo quiero solo.

▶ 5 **Te quiero** *I love you*

Remember that **quiero**, used of people, means *I love*. Naturally you use the familiar form when telling someone you love him/her.

¿Me quieres?   Sí. Te quiero.
¿Cuánto me quieres?   Te quiero muchísimo. Te
                                adoro.

6 **¿Te gusta?** *Do you like it?*

▶ From Unit 9

If you want to ask a friend whether he/she likes something, you say:

¿Te gusta el arte de Picasso?   Pues no me gusta mucho.
¿Te gustan las óperas de Verdi? Sí, me gustan, pero prefiero
                                las de Mozart.

or whether he/she has a preference:

¿Qué prefieres – vino blanco o Prefiero vino tinto.
vino tinto?
¿Te apetece un vino ahora?   No gracias. No me apetece
                                en este momento.

▶ From Unit 10

¿A qué hora te levantas, Paco? Me levanto a las siete.
¿Te lavas todos los días?   Naturalmente.
¿A qué hora sales de casa?   Salgo a las ocho menos
                                veinte.

¿Tienes prisa? ¿Por qué no te   Bueno. Solamente un
sientas un poco? (*Are you in   minuto.
a hurry? Why don't you sit
down for a bit?*)

Notice that when you are talking to someone as **tú**, you use **te gusta** instead of **le gusta**, and **te levantas** instead of **se levanta**. There will be much more practice on talking to people using **tú** in the second part of the book, where, as you will see, we shall use both the formal and informal mode of address according to whatever the relationship is between the speakers.

Actividad

1 Here are some questions addressed to Sr. and/or Sra. Méndez. Repeat the questions using **tú** or **vosotros** to Paco and Isabel.

   a Sr. Méndez, es Vd. madrileño, ¿no?
   b ¿Va Vd. todos los días al café, señor?
   c ¿Tiene Vd. un coche, señor?
   d ¿Le gusta el fútbol, Sr. Méndez?
   e ¿Tiene Vd. prisa por las mañanas, señor?
   f Sra. Méndez, ¿dónde pasa Vd. sus vacaciones?
   g Y ¿dónde prefiere Vd. vivir?
   h ¿Qué le apetece más, señora, un té o un café?
   i ¿Qué familia tienen Vds., señores?
   j ¿A qué hora salen Vds. por la mañana, señores?

Language point

7 Saying 'and': *y* or *e*?

In the questions **i** and **j** above, you can say **Isabel y Paco**. But the other way round you have to say **Paco e Isabel**. The little word y changes to e when the next word begins with an **i-**. For example, you say **Inglaterra y España**, but **España e Inglaterra**, and **hablo italiano y francés**, but **hablo francés e italiano**.

We will not have an **Self-evaluation** in this unit, as there has been an element of revision in the examples we have given you. This is the last of the basic units. If you have safely reached this point – well done! We hope you have enjoyed the course so far, and feel that you have begun to acquire a basic competence in Spanish. If you feel reasonably confident that you have understood and remembered what we have covered in the first eleven units, try **Self-Assessment Test 1** at the end of the book before you tackle the next ten units.. You can look at Units 12 to 20 in any order (21 is a summing-up) but unless you have good reasons for doing otherwise it's probably best to take them in the order they appear.

12
dése a conocer
make yourself known

In this unit you will learn
- to give official details (passports, driving licences, etc.)
- to say the rest of the numbers

Before you start

To give information about yourself you need to be secure in your use of numbers, and to be able to spell words using the Spanish alphabet. Look back at the **Introduction** and practise saying the names of the letters in Spanish. (They are also on the recording.) Then practise spelling your name, and the name of the road, street or town where you live. (The question you will hear when you are asked to spell something is **¿Cómo se escribe?** *How do you write it?*)

Revise numbers in the first part of this book, as follows.

Numbers 1–20: Unit 3
Numbers 21–31: Unit 6
Numbers 32–199: Unit 7

▶ The plural hundreds are:

200	doscientos	600	seiscientos
300	trescientos	700	setecientos
400	cuatrocientos	800	ochocientos
500	quinientos	900	novecientos

Notice particularly the words for 500, 700 and 900.

When you are talking about the numbers of things, including amounts of money, the multiple-hundred numbers (**doscientos, trescientos**, etc.) will end in **-as** if what you are talking about is feminine. For example:

Kr.500 quinientas coronas   £600 seiscientas libras
but   *but*
$400 cuatrocientos dólares   900€ novecientos euros

As you know, *one thousand* is **mil**, *two thousand* **dos mil**.

So if you want a long number, such as the date we saw in Unit 7, you just string all words together, remembering to insert **y** (and) between any tens and units. For example:

1997	mil novecientos noventa y siete
1588	mil quinientos ochenta y ocho
16.000	dieciséis mil
237.741	doscientos treinta y siete mil, setecientos cuarenta y uno

Notice the use of the stop after the thousands in long numbers.

You are not likely to need many long numbers such as the last one. Being able to name recent and future years, however, can be very useful.

While we are thinking about numbers, remember how to give a telephone number; this was mentioned briefly in Unit 4. You say them in pairs, starting with the single digit if there is an odd number of figures. For example:

22 20 69   veintidós, veinte, sesenta y nueve
76 06 45   setenta y seis, cero seis, cuarenta y cinco
4 45 29 62   cuatro, cuarenta y cinco, veintinueve, sesenta y dos

This may not apply to some important numbers.

❶ Completing a registration card

Paco arrives at the hotel where he is to stay in Santander for the conference. He is asked to complete a registration card. Study the card before reading the information opposite.

Nombre ....

Apellidos ....

.... Fecha de nacimiento ....

Dirección ....

....

Nacionalidad .... DNI Nº/ ....

Expedido en .... Fecha ....

The first requirement is Paco's first (or Christian) name; **nombre** can mean name in general, or first name in particular. **Apellidos** are surnames (remember the Spanish have two). He then has to give his date of birth, address, nationality and identity card number, and the place and date of its issue. **DNI** stands for **Documento Nacional de Identidad**, the identity card all Spaniards have. It is popularly called **el carnet** (or **el carné**).

A tip – when making, say, a hotel reservation, it's best not to give more than one first (or given), name with your surname. As the Spanish are used to two surnames it might be assumed that your second given name is your first surname. If your reservation appears to be lost always check under your given names.

Actividad

1   See if you can answer the following questions, as they apply to yourself. We cannot give the answers to these in the **Key**, of course.

    a ¿Cuál es su apellido?
    b ¿Cómo se escribe?
    c ¿Dónde vive Vd.?
    d ¿Y su dirección exacta?
    e ¿Tiene Vd. número de teléfono?
    f ¿Cuál es su fecha de nacimiento?
    g ¿Tiene Vd. pasaporte y carnet, o solamente pasaporte?
    h ¿Qué nacionalidad tiene Vd.?

▶ Diálogos

Listen to the following short conversations if you have the recording, and practise reading them aloud, especially the numbers.

Diálogo 1

¿Tiene Vd. permiso de conducir?
Sí, tengo.
¿Qué número tiene?
Es el OP64302.
¿Cuál es la fecha de caducidad?
El cuatro de septiembre, del año 2022.

Diálogo 2

¿Usa Vd. tarjeta de crédito? (Visa, 4B?)
Sí, claro.
¿Cuál es el número de la tarjeta?
Es el 21436580.
¿En qué fecha caduca?
Caduca el dos de mayo, de 2015.

Diálogo 3

¿Tiene Vd. seguro de accidente?
Sí, tengo.
¿Cuál es el número de la póliza?
El número de la póliza es FL6724.

Diálogo 4

¿Tiene Vd. cheques de viajero?
Sí, tengo.
¿Cuántos cheques tiene?
Tengo diez cheques.
¿Son en dólares o en libras esterlinas?
Son en dólares.
¿Qué valor tienen en total?
Dos mil dólares.

permiso de conducir	*driving licence*
fecha de caducidad	*expiry date*
caduca	*it expires*
tarjeta	*card*
seguro	*insurance*
póliza	*policy*

Actividad

▶ 2 Talking to Paco (use **tú**), ask him the questions indicated to complete the following dialogue and read his answers out loud.

a You *Ask if he has an identity card.*
   Paco Sí tengo, naturalmente, como todos los españoles.
b You *Ask what the number is.*
   Paco Es el 4.768.905

c **You** *Ask when it expires.*

Paco Caduca el 7 de octubre, de 2016. Los carnets caducan a los diez años.

d **You** *Ask whether he has a driving licence.*

Paco Sí, aquí está.

e **You** *Ask whether he has a passport.*

Paco Sí, tengo, pero caduca este año.

f **You** *Ask if he uses a credit card.*

Paco Sí, una tarjeta Visa.

g **You** *Ask if he is insured.*

Paco Sí, desde luego (*of course*).

h **You** *Ask what his insurance policy number is.*

Paco Es el 2040648.

i **You** *Ask where he lives.*

Paco En la calle Meléndez Valdés 5, 3°D.

j **You** *Ask for his telephone number.*

Paco Es el 2253819.

k **You** *Ask what his surnames are.*

Paco Son Ruiz Gallego; me llamo Francisco Ruiz Gallego.

l **You** *Ask how they are spelt.*

Paco Se escriben R-U-I-Z G-A-LL-E-G-O.

3   Isabel has lost her purse while visiting a friend in Bilbao. She goes to the police station and is asked for various personal details. Match the answers, given on the right, with the questions given on the left.

a ¿Sus apellidos, por favor?	**i** Aquí lo tiene.
b ¿Y su nombre?	**ii** El doce de mayo, 1986.
c ¿Dónde vive Vd.?	**iii** Isabel.
d ¿Su fecha de nacimiento?	**iv** El día 20.
e ¿Su carnet, por favor?	**v** Ballester García.
f ¿Cuándo vuelve Vd. a Madrid?	**vi** Almagro 14, 6° A, Madrid.

4   Say the following prices, telephone numbers and years out loud.

a	3 €	**g**	900 libras
b	7,42 €	**h**	1995
c	1 €	**i**	1984
d	0,60 €	**j**	2010
e	15 €	**k**	tel. 64910
f	300,50 €	**l**	tel. 487326

Documento número 11

Catedral de Burgos

Visita a

CLAUSTRO - MUSEO
TESORO ARTÍSTICO

AYUDA AL CULTO

2,40 €   № 022987

INDIVIDUAL

Burgos is a former capital of Old Castile (**Castilla la Vieja**) and of Spain in the 1930s. **Ayuda al Culto** is a contribution to the cathedral services.

a ¿Qué número tiene la entrada?
b ¿Es una entrada colectiva (de grupo)?

Self-evaluation

Can you say the following?

1 My date of birth is …
2 My surname is …
3 My address is …
4 My passport number is …
5 I am insured – the policy number is …
6 I'd like to pay with a credit card.

13

en casa

at home

In this unit you will learn
- to talk about Spanish homes
- vocabulary for renting accommodation in Spain

▶ Lectura

¿Cómo es su casa? *What's your house like?*

Isabel describe el piso donde vive con su familia. *Isabel describes the flat where she lives with her family.*

Listen to Isabel's description (or read it) twice, referring to the vocabulary list for words that you cannot guess.

Como ya saben Vds., vivo en la calle Almagro, número 14. Vivo con mis padres. Somos cuatro hermanos, pero mi hermana Margarita está casada y vive con su marido Luis. Así que viven cinco adultos en mi casa. Menos mal que es bastante grande. Tenemos cuatro dormitorios, un salón, un comedor y un pequeño cuarto de estar. Hay dos cuartos de baño y la cocina tiene al lado otro cuarto pequeño para lavar y planchar. Aunque la casa es vieja, tenemos calefacción central y todas las habitaciones son grandes, con techos altos. El salón y dos dormitorios son exteriores y tienen balcones a la calle. Los demás cuartos dan a un patio bastante amplio, así que el piso tiene mucha luz. Me gusta mucho la casa, y también el barrio donde está.

From now on the lists of key words and phrases will always give verbs in the infinitive, nouns in the singular and adjectives in the masculine singular, as you would find them in a dictionary.

ya	*already*
saber	*to know*
así que	*so*
menos mal que	*it's just as well that*
bastante	*fairly, reasonably*
el dormitorio	*bedroom*
el salón	*sitting room*
el comedor	*dining room*
el cuarto de estar	*living room*
el cuarto de baño	*bathroom*
la cocina	*kitchen*
el lado	*side*
planchar	*to iron, press*
aunque	*although*
viejo	*old*
la calefacción	*heating*
la habitación	*room*
el techo	*ceiling*

alto	*high*
exterior	*outside (i.e. on the frontage of the building)*
los demás	*the rest, the others*
dar a	*to look on to*
amplio	*ample, spacious*
la luz	*light*
el barrio	*district*

▶ Now Paco describes his flat.

Vivo en un piso moderno alquilado en la calle Meléndez Valdés, de Madrid. Es muy pequeño – es más apartamento que piso. Tiene un dormitorio, un salón, una cocina y un cuarto de baño. Las habitaciones son todas pequeñas – el piso no es apto para una familia. Pero para mí es muy práctico porque está ideado para las personas profesionales. La cocina está muy bien instalada con nevera, lavadora y fregaplatos. También hay un horno microondas. Hay instalación de aire acondicionado y vídeo-portero. Me arreglo muy bien allí.

apto	*suitable*
ideado	*designed*
instalado	*equipped*
la nevera	*fridge*
la lavadora	*washing machine*
el fregaplatos	*dishwasher*
el horno microondas	*microwave oven*
instalación de …	*equipped with …*
aire acondicionado	*air conditioning*
vídeo-portero	*video entryphone*
arreglarse	*to manage (also to dress, get ready)*
allí	*there*

The word **casa** can be used to denote *home*, whether home is a house or a flat. For example:

Me voy a casa.	*I'm going home.*
Paco no está en casa.	*Paco is not at home.*

It can also describe a building containing flats, for example:

Es una casa moderna de diez plantas.	*It's a modern ten-storey block.*

Or it can be a house in the normal sense, i.e. a two- or three-storey building with single occupancy. A modern detached house in the country or on the coast is usually **un chalet** (pronounced as in English) and a semi-detached house **un chalet adosado**. As we have seen, **apartamento** is used for a small flat, and the fashionable term for a one-room flat is **un estudio**, corresponding to the English studio flat.

Actividad

In this unit we have a role-play exercise. Imagine you are trying to rent accommodation for a month's holiday. You go to the **Agencia Solymar**, which is somewhere on the **Costa Blanca**. Read what the employee of the agency says, and supply the missing lines. See how far you can go before you look at **Diálogo 2**, where the roles are reversed. Go right through to the end of **Diálogo 1** without giving up – miss out lines that you can't manage.

▶ Diálogo 1

Empleado	Buenos días. ¿En qué puedo servirle?
You	*Say you want to rent a villa or a flat for the month of August.*
Empleado	Nos queda muy poco para agosto. ¿Para cuántas personas es?
You	*Say it's only for two people. You would like a house with a garden.*
Empleado	Tengo dos chalets, pero son grandes, con cuatro dormitorios.
You	*Say they are too big.*
Empleado	Para dos personas tengo un apartamento solamente.
You	*Ask if it's near the beach.*
Empleado	No muy cerca. Está en el centro. Es muy conveniente para todo.
You	*Ask for more details.*
Empleado	Aquí tiene Vd. un plano. Salón, dormitorio, cuarto de baño, cocina. El salón tiene un sofá y dos butacas, y el dormitorio cama de matrimonio.
You	*Ask what floor it's on.*
Empleado	La cuarta. Es una casa moderna. Tiene mucha luz.
You	*Ask if there is a refrigerator in the kitchen.*
Empleado	Sí. Una nevera grande, y cocina de gas butano.
You	*Ask what is in the bathroom.*

Empleado	Un baño con ducha, lavabo, wáter y bidet. Hay agua caliente en la casa.
You	*Ask if there is air conditioning.*
Empleado	No. Pero es exterior y está muy bien ventilado.
You	*Assume there is a television.*
Empleado	Sí. La casa tiene antena parabólica. Recibe todos los canales.
You	*Ask what the rent is.*
Empleado	En agosto, novecientos euros al mes, pago por adelantado.
You	*Thank him. You will think it over.*

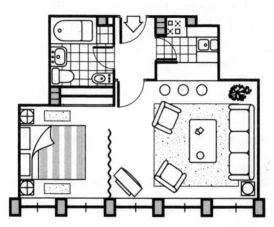

Some of the Spanish in **Diálogo 1** may well have stumped you. So here is the same dialogue again, with the languages reversed. This time try to supply what the employee of the **Agencia Solymar** says, and note what you might have said in **Diálogo 1**. See how much you can do without looking back.

Diálogo 2

You	*Greet the customer. Ask how you can help.*
Cliente	Buenos días. Quisiera alquilar un chalet o un piso para el mes de agosto.
You	*Say you have very little left for August. Ask how many people it's for.*
Cliente	Para dos personas solamente. Quisiera una casa con un jardín.
You	*Say you have two villas, but they are big ones, with four bedrooms.*

Cliente	Son demasiado grandes.
You	*Say that you have only got one apartment for two people.*
Cliente	¿Está cerca de la playa?
You	*Say that is it not very near. But it is in the centre, and very convenient for everything.*
Cliente	¿Tiene más detalles?
You	*Say, here is a plan. Sitting room, bedroom, bathroom, kitchen. The sitting room has a sofa and two armchairs. There is a double bed in the bedroom.*
Cliente	¿En qué planta está?
You	*Say on the fourth. It's a modern house, and it's very light.*
Cliente	¿Hay una nevera en la cocina?
You	*Say yes. A large refrigerator, and a calor gas cooker.*
Cliente	¿Qué hay en el cuarto de baño?
You	*A bath with a shower, a washbasin, a lavatory and a bidet. The house has a mains hot water supply.*
Cliente	¿Hay aire acondicionado?
You	*No, but the flat is on the outside of the building and is well ventilated.*
Cliente	Hay una televisión, ¿verdad?
You	*Yes. Say the house has a dish aerial and can receive all the channels.*
Cliente	¿Cuánto es el alquiler?
You	*Say in August, nine hundred euros a month, payable in advance.*
Cliente	Muchas gracias. Lo voy a pensar.

Repeat both the exercises until you can do each without referring to the other.

Documento número 12

Look at the advertisement opposite for some luxury apartments, designed to satisfy the most demanding tastes. They are an investment opportunity with up to 30% discount available. How far from the beach are they?

Informe extra

OFICINA DEL CENSO ELECTORAL
Teléfono: 901 101 900

En las listas electorales que se utilizarán en las próximas Elecciones figura Vd. inscrito en:

Municipio: AGUILAR DE CAMPOO

Distrito: 03   **Sección:** 001   **Mesa:** A

Local electoral: ESCUELA DE MAVE

LUGAR MAVE S/N
MAVE

If you have property in Spain and are there for extended periods,
you can join the electoral register, i.e. become *empadronado* and
vote in local elections. Here, with personal details removed, is
part of a voting card. Polling takes place in the local school.

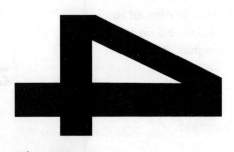

14

el tiempo libre
free time

In this unit you will learn
- to talk about things to do and places to visit

▶ Lectura

¿Qué hace en su tiempo libre? *What do you do in your free time?*

Vamos a preguntar a Paco lo que hace en su tiempo libre. *Let's ask Paco what he does in his free time.*

Listen to or read Paco's description of his leisure time; see how much you can understand before you refer to the following vocabulary list. Then do the same with what Isabel and Sr. Méndez say.

Como paso mucho tiempo en la oficina sentado, me gusta hacer ejercicio para estar en forma. Hay un gimnasio cerca de mi casa y voy allí dos veces por semana cuando tengo tiempo. Los fines de semana en verano juego al tenis con amigos o vamos todos a la piscina para nadar. En invierno juego al squash en el gimnasio. No veo mucho la televisión pero me gusta ir al cine o al teatro. No puedo salir todas las tardes porque a veces tengo trabajo para un cliente particular que hago en casa. Mis padres viven en Alicante y siempre voy allí para las vacaciones. Durante el mes de agosto no hago nada sino comer, beber, nadar y tomar el sol. ¡Es estupendo!

sentado	*seated, sitting*
estar en forma	*to keep fit*
dos veces por semana	*twice a week*
el fin de semana	*weekend*
el verano	*summer*
jugar a	*to play (sports)*
la piscina	*swimming pool*
ver	*to see, watch*
a veces	*sometimes*
particular	*private (i.e. not particular)*
siempre	*always*
durante	*during*
no hago nada sino ...	*I do nothing but ...*
nadar	*to swim*
estupendo	*marvellous*

Ahora, vamos a preguntar a Isabel cómo pasa ella el tiempo libre.

Yo no hago ningún deporte. No me interesa mucho. Prefiero la música. Me gusta muchísimo la música. Toco un poco el piano y la guitarra y voy a muchos conciertos. A veces salgo con Paco y otros amigos al teatro o al cine. También voy a museos y galerías cuando hay una exposición especial.

ningún deporte	*no sport at all*
tocar	*to play (music, instrument)*
la galería	*gallery*
la exposición	*exhibition*

Y ¿qué deporte hace Vd., Sr. Méndez?

¡Uf! Yo no hago deporte ahora. Soy demasiado viejo. Pero me gusta el fútbol. Cuando hay un partido en la televisión siempre lo veo; sobre todo cuando juega el Atlético de Madrid. Y cuando ponen la Copa de Europa o la Copa Mundial me lo paso muy bien. Mi señora y yo vamos al teatro de vez en cuando. Nos gustan las zarzuelas que ponen en el Teatro de la Villa. Pero salimos poco, salvo al café.

el partido	*match*
sobre todo	*above all*
poner	*to put (on)*
me lo paso muy bien	*I enjoy it very much*
de vez en cuando	*occasionally, sometimes*
la zarzuela	*Spanish operetta*
salvo	*except*

Actividad

1 Fill in the blanks to complete the answers to the following questions.

Isabel y el Sr. Méndez no hacen deporte. ¿Por qué no?
a A Isabel .... El Sr. Méndez ....
¿Qué cosas les gustan?
b A Isabel .... Al Sr. Méndez ....
¿Cómo sabemos que les gusta, la música o el fútbol?
c Isabel .... El Sr. Méndez ....
¿Con quiénes van al teatro de vez en cuando?
d Isabel .... El Sr. Méndez ....
¿Adónde salen, si no es al teatro?
e Isabel .... Los Sres. Méndez ....

Documento número 13

Have a look at this advertisement. **Comparte tus fotos** means
share your photos (note: it is **la foto,** being short for **la
fotografía**). Now answer the questions below.

a ¿Qué te ofrece este anuncio?
b ¿Haces tú muchas fotos? (*Say, no you don't.*)

Language point

Useful verbs

Here are some useful verbs which have already occurred here
and there but which it would be helpful for you to learn in full.
They belong in the groups mentioned in Unit 8 but you will see
that some have slightly irregular forms. Learn the patterns of
these verbs, which will help you with others later.

	dar *to give*	**ir** *to go*	**ver** *to see*
I	doy	voy	veo
you (**tú**)	das	vas	ves
he/she/you (**Vd.**)	da	va	ve
we	damos	vamos	vemos
you (**vosotros**)	dais	vais	veis
they/you (**Vds.**)	dan	van	ven

	tener *to have*	**hacer** *to do,* *make*	**poner** *to put*
I	tengo	hago	pongo
you (**tú**)	tienes	haces	pones
he/she/you (**Vd.**)	tiene	hace	pone
we	tenemos	hacemos	ponemos
you (**vosotros**)	tenéis	hacéis	ponéis
they/you (**Vds.**)	tienen	hacen	ponen

	decir *to say*	**seguir** *to follow*	**salir** *to leave,* *go out*
I	digo	sigo	salgo
you (**tú**)	dices	sigues	sales
he/she/you (**Vd.**)	dice	sigue	sale
we	decimos	seguimos	salimos
you (**vosotros**)	decís	seguís	salís
they/you (**Vds.**)	dicen	siguen	salen

Actividad

2 To complete sentences **a–n** choose one of the various words or phrases **i–xx** given below.

   a A Paco le gusta jugar _____

   b Se va al gimnasio para _____

   c Generalmente, se juega al tenis en _____

   d Paco nada con sus amigos en _____

   e En invierno, Paco juega al _____

   f Paco va siempre _____ para las vacaciones.

   g A Isabel _____ el deporte.

   h Isabel _____ el piano y _____

   i Isabel sale _____ con sus amigos.

   j Isabel va a _____ y _____ cuando hay _____ especial.

   k El Sr. Méndez no hace deporte _____

   l Cuando hay un _____ de _____ en la television, el Sr. Méndez _____ lo ve.

   m Los Sres. Méndez van _____ a veces.

n En el Teatro de la Villa _____ las zarzuelas. Les
_____ a los Sres. Méndez las zarzuelas.

i	toca
ii	squash
iii	no le gusta
iv	museos
v	verano
vi	a veces
vii	ahora
viii	estar en forma
ix	partido
x	al teatro
xi	galerías
xii	al tenis
xiii	a Alicante
xiv	ponen
xv	la guitarra
xvi	gustan
xvii	fútbol
xviii	la piscina
xix	siempre
xx	una exposición

Lectura

Aquí tenemos entradas para dos centros patrocinados por el Ayuntamiento de Madrid.

El Museo Municipal de Madrid es muy interesante: queda ilustrada toda la historia de la capital de España. Madrid tiene muchos museos y galerías. El más importante es sin duda el Museo del Prado, galería de arte de fama mundial.

El Teatro Español está especializado en la representación del teatro clásico de la literatura española. La entrada que tenemos aquí es para la función de la tarde, que empieza a las siete; hay otra función de la noche, que empieza a las diez o a las diez y media. Este teatro está subvencionado y las entradas no son muy caras.

patrocinado por	*sponsored by*
Ayuntamiento	*Town Hall*
sin duda	*without doubt*
mundial	*world* (adjective, the noun is **el mundo**)
empezar	*to start*
subvencionado	*subsidized*
butaca	*armchair, stalls* (in the theatre)

Actividad

3   Look at the tickets and answer the questions:

  a ¿Dónde está el Museo Municipal de Madrid?
  b ¿Es necesario pagar para entrar en el museo?
  c ¿Qué número tiene la entrada?
  d ¿Para qué fecha es la entrada del teatro?
  e ¿Y para qué función?
  f ¿En qué fila está la butaca?

15

viajando por España

travelling in Spain

In this unit you will learn
- to ask for and give directions
- to talk about driving in Spain

▶ Diálogos

Listen to, or read, the four short conversations below.

Aquí abajo hay un plano (adaptado) de una parte de Madrid.
Below there is a plan (adapted) of part of Madrid.

Diálogo 1

Isabel sale de la farmacia cuando una señora le pregunta …
Isabel is coming out of the chemist's when a lady asks her …

Señora Perdone. ¿Puede Vd. decirme dónde está Correos?
Isabel Está allí. Al otro lado de la plaza.
Señora Ya lo veo. Muchas gracias.

Diálogo 2

La Sra. Méndez sale del café cuando una chica le pregunta …
Mrs Méndez is coming out of the café when a girl asks her…

Chica Perdone, señora. ¿Hay una estación de metro cerca de aquí?
Sra. Méndez Sí. Toma la primera calle aquí a la izquierda, sigue hasta el final, y el metro está en el mismo lado de la plaza, a la derecha.

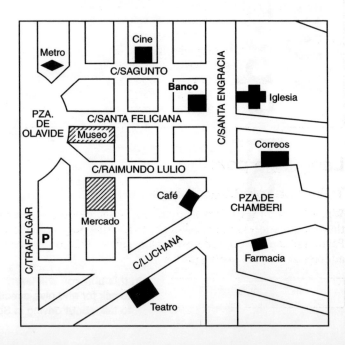

Diálogo 3

Paco está en la Plaza de Olavide, cuando un señor le pregunta …
Paco is in the Plaza de Olavide when a man asks him …

Señor Oiga. ¿Hay un banco por aquí?
Paco Sí. Tome esta calle – Santa Feliciana. Después de cruzar dos calles en la esquina de la tercera hay un banco, frente a la iglesia.

Diálogo 4

En el café, un chico pregunta al Sr. Méndez … *In the café, a boy asks Mr Méndez …*

Chico Perdone, señor. ¿Cómo se va al cine Sagunto?
Sr. Méndez Cuando sales de aquí, dobla a la izquierda, y toma la tercera calle también a la izquierda, después del banco. El cine está a la derecha.
Chico Muchas gracias, señor.

¿puede Vd. decirme …?	*could you tell me …?*
Correos	*the Post Office*
ya lo veo	*oh yes, I see it* (lit. *I already see*)
en el mismo lado	*on the same side*
al otro lado	*on the other side*
a la derecha/izquierda	*to/on the right/left*
tomar	*to take*
cruzar	*to cross*
la esquina	*corner*
el tercero	*the third (one)*
frente a	*opposite*
la iglesia	*church*
doblar	*to turn*

Language point

Telling people to do things

When Mr and Mrs Méndez talk to the young people, i.e. people they would address as **tú**, asking the way, they say **toma** (*take*). Paco, talking to an unknown older man, whom he would address as **Vd.**, says **tome** (*take*):

toma (tú)	tome (Vd.)

When you are giving what amounts to a command, and you are talking to someone as **tú**, the word will end with -a or -e, whichever is characteristic of the verb (see Unit 8). For example:

toma	*take*	**pregunta**	*ask*
sigue	*follow, continue*	**bebe**	*drink*
dobla	*turn*	**vuelve**	*return*

However, if you are addressing someone as **Vd.**, the -a and -e are reversed. For example:

tome Vd.	doble Vd.	beba Vd.
siga Vd.	pregunte Vd.	vuelva Vd.

If this isn't confusing enough, there are several common forms of these commands which do not follow this pattern! These are best learned as you meet them. For example, here are a few very useful ones:

di (tú)	*tell*	**dime (tú)**	*tell me*
diga (Vd.)	*tell*	**dígame (Vd.)**	*tell me*
sal (tú)	*leave*	**salga (Vd.)**	*leave*

¡Sal de aquí inmediatamente!   *Leave here immediately!*

or, if you're desperate,

¡Fuera de aquí!   *Get right out of here!*

The whole business of the word forms to use when giving orders in Spanish, however, is fairly complicated; you may find it easier to learn them as you go rather than try to apply rules and then allow for exceptions. You can, of course, avoid the whole problem by not throwing your weight about when in Spain, and making polite requests instead of issuing commands!

Actividades

1 Answer the questions with reference to the plan in the **Diálogos** section (page 114).

a ¿Hay un parking (un aparcamiento) cerca del museo?
b ¿Dónde está?
c ¿Qué hay frente a la iglesia?
d ¿En qué calle está el mercado?
e ¿Se puede ver la farmacia desde Correos?
f ¿El teatro y el café están en el mismo lado de la calle?

g ¿Cómo se va desde la plaza de Chamberí a la plaza de Olavide?

h La estación de metro ¿está más cerca del teatro o del cine?

i El banco de la calle Santa Engracia ¿en qué esquina está?

2   Now see if you can give directions to various people, using the same plan.

   a You are standing in the calle Santa Engracia, just outside the church. A little girl asks you how to get to the Post Office. What do you say?

   b You are leaving the cinema and an elderly gentleman asks you where the museum is. What do you say?

   c As you emerge from the Metro station a lady asks you if there is a chemist's nearby. Direct her to the one in the Plaza de Chamberí.

   d A teenager approaches you while you're sitting outside the café in Plaza de Chamberí, and asks you the way to the cinema. What do you say?

▶ Lectura

ℹ Mapa de las carreteras principales de España
Map of the major roads of Spain

Look at the map on page 118 and listen to or read the information about driving in Spain. Refer to the vocabulary if necessary, but see how much you can understand. If you have the recording, listen to it in whole paragraphs, repeating as necessary, rather than using the pause button.

Un modo muy conveniente de viajar por España para conocer sus viejas ciudades y su paisaje es ir en coche. Pero hay que tener en cuenta que España es un país de lejanos horizontes: las distancias pueden ser grandes. Además, en verano puede hacer un calor intenso y muchas horas en coche pueden resultar insoportables. Sin embargo, si se planea un itinerario práctico y se escoge una época del año apropiada, es agradable viajar por las buenas carreteras que ofrece España al turista.

Como vemos en el pequeño mapa, muchas carreteras principales radian de Madrid. La que va al norte es la Nacional I, que llega a San Sebastián y la frontera francesa, pasando por Burgos. La carretera de Cataluña, la Nacional II, va desde Madrid a Barcelona. Es la

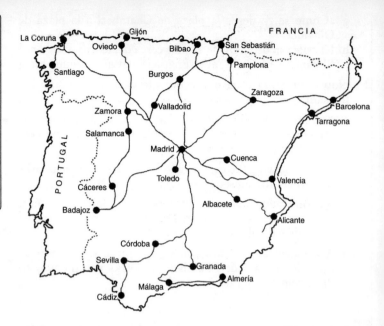

Nacional III la que va a Valencia, y la IV es la carretera de Andalucía. La carretera de Portugal, la Nacional V, cruza la frontera cerca de Badajoz; la carretera de Galicia termina en La Coruña y es la Nacional VI. Estas carreteras son todas autovías/autopistas y llevan los números A1 a A6.

Las más importantes son tal vez la autopista que va por la costa desde Francia hasta más allá de Alicante (A7), y la que conecta Bilbao y Barcelona, grandes centros industriales (A2 y A68).

Como siempre, hay que conducir con precaución, y no ir demasiado rápido. En España hay un elevado porcentaje de accidentes. Sobre todo hay que evitar las fechas en julio y agosto cuando millones de españoles se desplazan para sus vacaciones.

el paisaje	*landscape*
tener en cuenta	*to bear in mind*
un país	*a country*
lejano	*distant*
además	*besides, moreover*
el calor	*heat*
resultar	*to turn out to be, prove to be*

insoportable	unbearable
sin embargo	nevertheless, however
si se planea	if you plan
escoger	to choose
época	time, period
agradable	pleasant, agreeable
la carretera	road
radiar	to radiate
el norte	the north
la frontera	frontier
desde ... hasta	from ... to, until
terminar	to end
la autovía/la autopista	motorway
de peaje	toll-paying
tal vez	perhaps
más allá	beyond
conducir	to drive
un elevado porcentaje	a high percentage, a high rate
desplazarse	to move from one place to another

Actividades

▶ 3 Answer the following questions, with reference to the passage and the map above (pages 117–18).

a Para ir desde Madrid a Cádiz, ¿qué carretera hay que tomar? ¿Se pasa por Granada?

b ¿Dónde se cruza la frontera, si se va desde Madrid a Portugal?

c ¿Hay mucha distancia entre Gijón y Oviedo?

d ¿Madrid está cerca de Toledo?

e ¿Cuál está más cerca de Madrid, Valencia o Barcelona?

f Para ir desde Francia a Alicante, ¿qué carretera se toma?

g ¿Qué ciudades hay entre Badajoz y Gijón?

h ¿Cuál es más grande, España o Portugal?

i ¿Santiago está en Galicia o en Cataluña?

▶ 4 You have just come from a driving holiday in Spain, and your friend is asking you about it. Give your answers according to the guidelines to complete your conversation.

Pedro   Dime, ¿hay buenas carreteras en España?

a You   *Say yes, the roads are good, but the distances are great.*

Pedro	¿Viajar en coche es un modo bueno de ver el paisaje?
b You	*Say, yes, and you like the distant horizons.*
Pedro	¿Hace mucho calor en mayo en España?
c You	*Say it is hot in May, but in July, August and September it is intensely hot, and it is unbearable to spend the whole day in the car.*
Pedro	¿Hay autopistas en España?
d You	*Say, yes, but they are toll-charging, and you prefer the smaller roads. Nevertheless, you like the motorway that connects Bilbao and Barcelona.*
Pedro	¿Hay demasiados coches en las carreteras?
e You	*Say not in May, but you still have to drive carefully and not go too fast. In July and August, there are too many cars because millions of Spanish families are going from one place to another for their holidays.*

16

no me siento bien

I don't feel well

In this unit you will learn
- useful vocabulary for dealing with minor health problems

Language point

Saying where it hurts and that you feel ill

If you're unlucky enough to fall ill while in a Spanish-speaking country, you'll need to know how to say what the problem is. Here is the basic way of indicating where the pain is. We use **me duele/me duelen** (literally *it hurts me/they hurt me*) with the name(s) of the part(s) affected. It works in the same way as **me gusta/me gustan**, or **me apetece** that we learned in Unit 9. For example, you say:

Me duele **la cabeza.**   Me duele **una muela.**

to say that you have a headache or toothache. Here are some other parts of the body which can hurt:

Me duele el cuello.   *neck*
Me duele el estómago.   *stomach*
Me duele la espalda.   *back*
Me duele el brazo.   *arm*
Me duele la mano.   *hand*
Me duele la pierna.   *leg*
Me duele el pie.   *foot*

cabeza
la mano
brazo
cuello
ojos
los dientes
espalda
estómago
pierna
rodilla
tobillo
el pie

Note we say **la mano** even though the word ends in **-o**.

If the pain you feel is the result of a blow or knock, you can say:

Me he dado un golpe en la cabeza.	*I have hit my head.* (literally *I have given myself a blow on the head.*)

or

Me he dado un golpe en el pie.	*I have knocked my foot.*

Speaking of a third person, you would say:

Se ha dado un golpe en la cabeza/el pie.	*He/she has knocked his/ her head/foot.*

Notice you say *the head*, *the foot* rather than *my*, *his* or *her head* or *foot*, etc.

If you are unlucky enough to be bitten or stung you would say:

Tengo una picadura en la mano.	*I have stung my hand.*

Of a child who has cut or grazed his or her knee you would say:

Tiene un corte en la rodilla.	*He/she has cut his/her knee.*
or Se ha rasguñado la rodilla.	*He/she has grazed his/her knee.*

Other things that can go wrong on holiday in Spain are:

Tengo algo en el ojo.	*I've something in my eye.*
Tengo el ojo irritado.	
Tengo el ojo inflamado.	

(Words like **irritado, inflamado** are easily guessed.)

Tengo un esguince	*a sprain*
Tengo el tobillo hinchado.	*a swollen ankle*
Tengo la piel (*skin*) irritada.	
Tengo una quemadura.	*a burn*
Tengo una quemadura del sol.	*sunburn*

(Sunstroke – rather more serious – is **una insolación**.)

Tengo diarrea.
Tengo colitis.

These last two are obvious. They are easily avoidable if you wash or peel all fruit, wash salads very thoroughly, and drink only from hygienic sources (and refuse ice in drinks unless you are sure of it).

Tengo fiebre.	*I have a temperature.*
Se toma la temperatura con un termómetro.	*You take a temperature with a thermometer.*

| La temperatura normal es de trcinta y siete grados (37°). | *A normal temperature is 37°C.* |
| El niño tiene unas décimas. | *The boy has a slight temperature (*unas décimas, *a few tenths of a degree).* |

We have already had **estoy constipado** (see Unit 4). You can also say:

Tengo un catarro.

Now for some remedies. For minor emergencies a visit to the chemist will probably suffice, and if you can explain the problem he or she will be able to provide an appropriate remedy. We hope you will not need to ask for:

un médico	*a doctor*
un dentista	*a dentist*
las horas de consulta	*surgery hours*
una clínica	*a clinic*
un hospital	*a hospital*

Actividad

1 Your friend Ignacio is a hypochondriac. You make the mistake of asking him how he is. Complete your own part of the conversation (use **tú**).

a You *Say hello and ask him how he is.*
Ignacio No estoy muy bien. No sé lo que me pasa. Me duele todo.

b You *Ask him if he has a cold.*
Ignacio No. Pero no me siento bien.

c You *Ask him if he has a temperature.*
Ignacio No sé. Voy a ponerme el termómetro. ¿Qué dice?

d You *Tell him it says 37°. He hasn't got a temperature.*
Ignacio Estoy seguro que tengo una insolación.

e You *Ask him if he has a headache.*
Ignacio Sí. Me duele mucho.

f You *And a stomachache?*
Ignacio Sí. Me duele un poco.

g You *Tell him he doesn't feel well because he drinks too much.*

HOROSCOPO

Cáncer *(Entre el 22–6 y el 23–7)*

Amor	★ ★ ★
Salud	★ ★ ★
Trabajo	★ ★
Dinero	★

Leo *(Entre el 24–7 y el 23–8)*

Amor	★
Salud	★ ★
Trabajo	★ ★
Dinero	★

Virgo *(Entre el 24–8 y el 23–9)*

Amor	★ ★
Salud	★ ★
Trabajo	★ ★ ★
Dinero	★ ★ ★

Aquí hay un horóscopo para tres meses del verano. ¿Cuál es el signo más afortunado, Cáncer, Leo o Virgo?

Lectura

ℹ️ La farmacia *The chemist's*

El señor o la señora que trabaja en la farmacia es el *farmacéutico* o *la farmacéutica*. La farmacia se indica con una cruz verde. En general, se puede comprar medicamentos en la farmacia sin receta médica. Un medicamento puede ser un antibiótico, un antiséptico, o un analgésico, y puede tener la forma de unas píldoras o unos comprimidos, una pomada, una loción, una medicina, o unas gotas.

Penicilina es un antibiótico.
Alcohol es un antiséptico.
Aspirina y codeína son
analgésicos. Para una alergia se
puede tomar unas píldoras
antihistaminas, o poner una
inyección. También en la
farmacia se puede comprar una
venda, unas tiritas, una tobillera,
o algodón en rama,
preservativos, y muchas otras
cosas.

una cruz verde	*a green cross*
comprar	*to buy*
sin receta médica	*without a prescription*
píldoras, comprimidos	*pills, tablets*
una pomada	*cream*
gotas	*drops*
una alergia	*allergy*
una venda	*bandage*
tiritas	*sticking plasters*
una tobillera	*ankle support*
algodón en rama	*cotton wool*
preservativos	*contraceptives (condoms)*

Actividad

▶ **2** You have all kinds of minor problems and go to the chemist's for some help. Can you make the following requests?

a Ask if they have a lotion for sunburn.
b Say that you have cut your foot and ask for an antiseptic cream and a bandage.
c Say that you have a stomachache.
d Say that you have toothache and ask for a painkiller.
e Say that your son does not feel well and that he has a temperature.
f Ask for drops for an inflamed eye.

g Say that your ankle is swollen and you want an elastic support.
h Say that you need to see a doctor and ask what his surgery hours are.

Lectura

Finally in this unit, let us look at a sample of Spanish which makes no concessions at all for the learner. Let us suppose that someone in your family has an inflammation of the throat, and the chemist provides you with a throat spray, which he recommends for all types of mouth and throat infections. Here is the leaflet you find inside the package. How much of it can you understand?

Anginovag®

Composición

Por 100ml.:

Dequalinium cloruro (D.C.I.)	0,100 g.
Enoxolona (D.C.I.)	0,060 g.
Acetato de hidrocortisona (D.C.I.)	0,060 g.
Tirotricina (D.C.I.)	0,400 g.
Lidocaína clorhidrato (D.C.I.)	0,100 g.
Sacarina sódica	0,320 g.
Excipiente aromatizado c.s.p.	70,000 ml.
Propelente (Diclorodifluormetano)	c.s.

Indicaciones

Tratamiento preventivo-curativo de las afecciones bucofaríngeas: Amigdalitis. Faringitis. Laringitis. Estomatitis. Úlceras y Aftas bucales. Glositis.

Dosificación

Dosis de ataque: 1–2 aplicaciones cada 2–3 horas.
Dosis de sostén o como preventivo: 1 aplicación cada 6 horas.

Normas para la correcta aplicación del preparado

Abrir bien la boca. Dirigir la boquilla inhaladora hacia la región afectada (garganta, boca, lengua, etc … según casos).

Presionar la parte superior de la cápsula de arriba a abajo hasta el tope, manteniendo el frasco en posición vertical.

El frasco se halla provisto de una válvula dosificadora: cada presión hasta el tope origina la salida regulada de medicamento.

Contraindicaciones, efectos secundarios e incompatibilidades

No se conocen.

Intoxicación y posible tratamiento

Dada la escasa toxicidad del preparado, no se prevé la intoxicación, ni aún accidental.

Presentación

Envases conteniendo 20 ml.

Los medicamentos deben mantenerse fuera del alcance de los niños.

P-4100/2-8812

LABORATORIOS NOVAG. S.A.
Director Técnico: X. Vila Coca
Buscallá s/n – San Cugat del Vallés
Barcelona – España

Notes

There will be much of this that is incomprehensible, but you should be able to decipher the most important parts, which say what the preparation is for, and give the dosage. The second section, **Indicaciones**, says that this product is suitable for, amongst other things, tonsillitis (**amígdalas** *tonsils*), pharingitis, laryngitis and mouth ulcers. The dosage for treatment is one or two applications every two or three hours, or one every six hours as a preventative. (**Cada** is a useful word, meaning *each* or *every*.) Further down, you can probably work out that there seem to be no possible side effects or harmful results from overdosage. The middle section is the most difficult to unravel – it tells you how to use the spray. **Una válvula dosificadora** is a valve which regulates the amount released with each downwards pressure of the button. The last line is the usual warning that medicines should be kept out of reach of children.

Actividad

▶ 3 Answer these questions based on the information in the leaflet on page 127.

    a ¿Cómo se llama el medicamento?
    b El medicamento ¿es un spray o es una pomada?
    c ¿Cuántos mililitros tiene el envase?
    d ¿Para qué clase de infección es el tratamiento?
    e ¿Cuál es la dosis preventiva?
    f ¿Y la dosis curativa?
    g ¿Hay efectos secundarios?
    h ¿Dónde se fabrica el medicamento?

Check with the **Key** if you find these questions difficult and then study the leaflet again to see how the Spanish works.

Informe extra

If you wish to return goods from this store as faulty, you must take this ticket with you and do so within 15 days.

Note:

    imprescindible – essential;
    reclamación – claim.

If you are really desperate you can always try the 'customer services' number.

Haley
<u>todo</u> más cerca

I.V.A. INCLUIDO

ESTE TICKET ES IMPRESCINDIBLE PARA CUALQUIER POSIBLE RECLAMACIÓN EN UN PLAZO DE 15 DÍAS

GRACIAS POR SU COMPRA

SERVICIO ATENCIÓN AL CLIENTE
902 50 31 11

7

vamos de compras

let's go shopping

In this unit you will learn
- about shopping in the marke
- about shopping in a
  department store

Before you start

The advent of the supermarket and the hypermarket has made some shopping a non-language experience in that it is possible to buy most common items without speaking a word of Spanish. However, 'real' shopping, where you need to make your wants known to the shopkeeper, can be great fun. Much everyday shopping in Spain takes place at the stall of a covered market. This is the aspect we shall tackle first in this unit.

▶ Lectura

La Sra. Méndez va de compras con su marido. En la frutería–verdulería compra:

2 kg. de naranjas	*oranges*
¹/₂ kg. de limones	*lemons*
1 kg. de peras	*pears*
¹/₂ kg. de fresas	*strawberries*
1 kg. de patatas	*potatoes*
¹/₂ kg. de acelgas	*Swiss chard*
una lechuga	*a lettuce*
¹/₂ kg. de tomates	*tomatoes*
dos cabezas de ajo	*two heads of garlic*

En la pescadería hay:

salmón	
truchas	*trout*
pescadilla	*whiting*
bonito	*tuna*
gambas	*prawns*
sardinas	

pero por fin compra dos rajas de merluza (*two pieces of hake*).

En la carnicería compra:

dos filetes de ternera	*two veal steaks*
¹/₂ kg. de carne picada	*minced meat*

Ahora el pobre Sr. Méndez tiene cuatro bolsas y no puede llevar más. Pero está obligado a esperar mientras su mujer va a la droguería-perfumería a comprar detergente, lejía, jabón y colonia. Después se van despacio a casa, pasando por la panadería, donde la señora compra pan y también leche.

Notes

You can see what Mrs Méndez buys and deduce which shops or market stalls she goes to. In the end Mr Méndez is laden with four bags and can't carry any more. But he still has to wait while his wife goes to buy detergent, bleach, soap and eau de cologne. Then they go slowly home, calling at the baker's where she buys bread and milk.

ℹ️ Note that a **droguería** sells household goods for cleaning; a **droguería-perfumería** will sell toiletries as well. Mrs Méndez does not on this occasion buy ham – **el jamón** – or cooked meats which she would get in **una charcutería**. A stall or shop which sells cheese – **el queso** – is **una quesería**, and eggs – **los huevos** – can be brought at **una huevería**. A general grocery store is called **una tienda de comestibles** or (more old-fashioned) **una tienda de ultramarinos**.

Actividad

Here is a bill from a frutería (at 2007 prices). You will know all the words except perhaps

```
ALGOFRUIT
FRUTAS BOIX S.L.
CIF. B-03133543
C\.M. DE ASPRILLAS, 33
ELCHE(ALICANTE)

| V000107-02 |        0000375 |
|   30ABR07  |          19:23 |
[ kg         €/kg           € ]

ACEITUNAS
NP   1x        0.99        0.99
PIMIENTO PADRON
NP   1x        1.89        1.89
PERA CONFERENCIA
0.915          1.85        1.69
NISPEROS
0.355          2.99        1.06
CEBOLLA SECA
0.915          1.50        1.37
KIWI
0.900          4.39        3.95
MELON
2.380          2.10        5.00
LIMON
0.600          0.69        0.41
TOMATE DANIELA
1.495          1.39        2.08
AJOS SECOS
0.125          3.99        0.50
BROCOLI
0.525          1 0         0.78

 Tra.  11            19.72

Atendido por:
   VENDEDOR 107

   IVA INCLUIDO
```

aceitunuas – olives

pimientos padrón – small green peppers

nísperos – loquats (small yellow fruit with 3 large black pips and a sharp flavour

cebolla – onion

You can see the first two items are sold in a packet. The remainder show the weight in grams, the price per kilo, and the price per item. Read aloud the list of items, the price of each and the grand total. Check your answers in the key.

Documento número 15

Look at these business cards:

a **Una pastelería** sells cakes and biscuits. **Repostería** is (baker's) confectionery. **Artesana** means hand-made, or home-made – the noun is **artesanía**, which is widely used to describe hand-crafted items.

b **Una cesta** is a basket, so Ricardo makes and sells goods made of cane, wicker, bamboo, etc.

c Alfonso and María Luisa produce earthenware pottery (**alfarería**), in a village where they are the only remaining **alfareros** out of an original thirteen.

Language point

Shopping terms

Here is a list of common shops and shopkeepers and what they sell.

En la pescadería	el pescadero	vende pescado.
En la carnicería	el carnicero	vende carne (la carne).
En la panadería	el panadero	vende pan (el pan).
En la pastelería	el pastelero	vende pasteles (los pasteles, *cakes*).
En la lechería	el lechero	vende leche (la leche).
En la librería	el librero	vende libros.
En la farmacia	el farmacéutico	vende medicamentos.
En la frutería-verdulería	el frutero	vende fruta y verduras.
En la droguería	se venden	artículos de limpieza.
En un quiosco	se venden	periódicos y revistas.
¡En un supermercado se vende de todo!		

Una librería is *not* a library; it's a bookshop. A library is **una biblioteca**.

Lectura

🛈 Los grandes almacenes *Department stores*

En un gran almacén hay muchos departmentos y se venden muchísimas cosas – muebles, cristalería, ropa, etc, etc. En España el más famoso es tal vez 'El Corte Inglés' que tiene sucursales en Madrid y en otras ciudades de España. Cuando se compra algo en un gran almacén se puede pagar con dinero o con tarjeta de crédito (Visa, 4B, etc.). El dependiente pregunta '¿En efectivo?' para saber cómo se va a pagar. Cuando se paga con tarjeta de crédito hay que tener otro documento (por ejemplo, un pasaporte) para comprobar su identidad. Es muy conveniente pagar con tarjeta porque así se evita el riesgo de llevar mucho dinero en la cartera. Por lo general se recibe la cuenta de la tarjeta de crédito al mes siguiente en su domicilio. Claro, no se puede pagar con tarjeta en la frutería o la carnicería, etc.

los muebles	*furniture*
la cristalería	*glassware*
la ropa	*clothing*
la sucursal	*branch, outlet*
en efectivo	*in cash*
comprobar	*to prove*
la cuenta	*the bill*
claro	*obviously*
la identidad	*identity*

evitar	*to avoid*
el riesgo	*risk*
el dinero	*money*
la cartera	*wallet, purse*
recibir	*to receive*
siguiente	*following*
el domicilio	*home address*

Actividades

▶ 2 Shopping practice. Ask for:

  a 2 kilos of oranges
  b 200 grams of ham
  c a litre of milk
  d 150 grams of cheese
  e 2 heads of garlic
  f a kilo of potatoes
  g 250 grams (**un cuarto** – ¼ kg.) of prawns
  h 3 salmon steaks (steak of fish – **una raja**)

▶ 3 You are in a department store.

  a Ask where the perfume department is.
  b Ask if there is a pharmacy.
  c Ask where the cafeteria is.
  d Say you would like to pay by Visa.
  e Say you will pay cash.
  f Ask what floor the sports department is on.
  g Ask where the cloakrooms are.
  h Say that the bookshop is on the ground floor.

Informe extra

Día is a chain of supermarkets with fairly economical prices, good for large families. If you have a store card many discounts (*Dto – descuento*) are available – this one for yoghurts and desserts.

18
comiendo y bebiendo
eating and drinking

In this unit you will learn
- how to order in a bar, café or restaurant
- a little about Spanish cooking and the dishes and drinks available

▶ Diálogo 1

Pizzas – servicio a domicilio *Take-away pizzas*

Isabel pasa la tarde en casa de Paco. Van a ir al teatro.

Paco Tengo hambre. ¿Quieres comer algo antes de ir al teatro?

Isabel Pues yo también tengo hambre. ¿Qué tienes en casa para comer?

Paco Poca cosa, creo. ¿Llamamos para una pizza? Aquí tengo la lista. ¿Qué pizza quieres?

Isabel A mí me gustan las pizzas de queso. ¿Pedimos una de cuatro quesos, que está aquí en la lista? ¿Te apetece?

Paco Vale. Voy a llamar al centro más cercano.

más cercano	*nearest*
¿pedimos?	*shall we ask for?*
servicio a domicilio	*home delivery service*
anchoas	*anchovies*
manchego (queso manchego)	*an excellent Spanish cheese from La Mancha region*
gambas	*prawns*
jamón	*ham (two sorts – serrano and York)*
champiñón	*mushroom*
pimiento morrón	*red pepper (sweet pepper, usually in brine)*
aceitunas	*olives*
cebolla	*onion*

Actividad

1 a Say that you are hungry.
  b Ask what there is to eat.
  c Ask someone else if he/she is hungry.
  d Say you like pizzas.
  e Ask someone else if he/she would like a pizza.
  f Ask if he/she would like an anchovy pizza or a ham pizza.
  g Say you'll ring for a pizza.
  h Ask your friend if he/she wants beer or Coke.
  i Say you'll buy two beers.
  j Say you're going to have a coffee.

PIZZAS	**Pizza Completa**
• PIZZA DE AHUMADOS: (tomate, Mozzarella, salmón, anchoas) • PIZZA DE CARNE: (tomate, Mozzarella, carne) • PIZZA CUATRO QUESOS: (tomate, Mozzarella, manchego, parmesano, roquefort) • SUPER RING RING: (tomate, Mozzarella, gambas, jamón serrano, champiñon, pimiento morrón)	10€

SU PROPRIA PIZZA	**Pizza Base** 8,00€
• PIZZA DE QUESO Y TOMATE: Sobre la base de nuestra pizza de queso y tomate usted puede añadir cualquiera de los siguientes ingredientes:	Cada Ingrediente
• DOBLE QUESO • ANCHOAS • JAMON YORK • ACEITUNAS • SALAMI • CEBOLLA • CHORIZO • CHAMPIÑON • PIMIENTO MORRON • BACON	1,10€

BEBIDAS	**Unidad**
• COCA COLA • FANTA LIMON	1,70€

Llame al Centro más cercano.

Guzmán el Bueno
(Esq. Joaquín María López)
• 544 6080
• 544 79 72

Doctor Calero, 32 – Bis
• 638 63 13
• 638 64 00

Serrano, 41
• 577 29 79
• 577 38 31
• 577 38 32

Alberto Alcocer
• 259 94 00
• 259 99 09

Torre Picasso
Centro Comercial
Arturo Soria Plaza

Proximadamente:
Av. Bruselas, 72
Centro Comercial
Parque Sur

Zonas de reparto limitadas.

▶ Diálogo 2

Los Sres. Méndez van al café *Mr and Mrs Méndez go to the café*

Los Méndez entran en una cafetería. Van a merendar.

Camarero	Buenas tardes, señores. ¿Qué van a tomar?
Sr. Méndez	Para mí un café con leche.
Camarero	¿Y para Vd., señora?
Sra. Méndez	Para mí un té con limón. ¿Qué tiene de pastelería?
Camarero	Hay tarta de manzana, pastel de chocolate, tostada …
Sra. Méndez	Una ración de pastel, por favor.
Sr. Méndez	Voy a tomar una tostada.
Camarero	¿La quiere con miel, o con mermelada?
Sr. Méndez	Sólo con mantequilla.
Camarero	Muy bien, señores, en seguida.

merendar	*to have afternoon 'tea'*
miel	*honey*
mermelada	*jam (not just marmalade)*
mantequilla	*butter*
manzana	*apple*
tostada	*toast*
en seguida	*at once, straight away*

Actividades

2 The statements below refer to the two dialogues. Choose one of the phrases from the right to complete each of the sentences to the left.

a A Isabel le gustan muchísimo
    i las gambas.
    ii las anchoas.
    iii los quesos.

b Paco tiene hambre pero
    i no le gusta comer en casa.
    ii tiene poco para comer en casa.
    iii prefiere beber.

c Después de comer su pizza, Paco e Isabel
    i llaman por teléfono.
    ii van al teatro.
    iii van a la pizzería.

d Hoy los Sres. Méndez van a la cafetería
    i tomar un chocolate.
    ii merendar.

	para	**iii**	hablar con el camarero.
e	La Sra. Méndez pregunta al camarero	**i**	qué hay de pastelería.
		ii	si tiene un té con limón.
		iii	qué quiere su marido.
f	El Sr. Méndez toma	**i**	una ración de pastel.
		ii	una tostada con queso.
		iii	una tostada con mantequilla.

3 Ask a friend (**tú**) if he/she wants:

a a coffee
b tea with lemon
c chocolate tart
d toast with honey
e a cold beer

Now put the same questions to an acquaintance (**Vd.**).

Lectura

ℹ **Dónde comer y beber** *Where to eat and drink*

En España, hay muchos restaurantes y muchísimos bares en todas partes. Y también hay la combinación de las dos cosas – el bar-restaurante. En un bar-restaurante se puede desayunar, comer, cenar, tomar el aperitivo, tomar un café, o merendar. Los españoles en general no desayunan mucho – toman un café con leche y pan. Por eso a mediodía muchos de ellos tienen hambre y van a un bar a tomar una cerveza y tapas. *Tapas* son pequeñas porciones de comida y hay una gran variedad: mariscos, pescado, carne, tortilla, queso, chorizo y salchichón, etcétera, etcétera. Comer en pequeñas porciones se llama *picar*.

The above passage says that there are many restaurants and very many bars everywhere in Spain. The two are also combined in the bar-restaurant, where one can breakfast, have lunch or dinner, have supper, have afternoon 'tea', or an aperitif or a coffee. In general Spaniards don't have much breakfast, just milky coffee with bread, and so many of them are hungry at midday and go to a bar for a beer and **tapas**. There is a great variety of **tapas** – seafood, fish, meat, omelette, cheese, Spanish sausages. The word **picar** (lit. *to peck!*) is used to denote eating these snacks with a drink.

The verb **comer** means *to eat* in general; it also means to have the main meal of the day. Thus the word **comida** can mean food in general, a meal, or the main, early afternoon meal. The verb **merendar** means *to have a snack*, usually coffee, tea, cake or similar, in the later afternoon. It can also mean a picnic, of any kind. The name of the meal is **la merienda**, e.g. *Let's take a picnic*, **Vamos a llevar una merienda**.

Documento número 16

Here is some information about a café in the Calle Sagunto (see Unit 15). It is decorated in the style of the beginning of the 20th century, and specializes in rice dishes (**arroces**) and champagne-style wine (**cavas**).

Sagunto 18
28010 Madrid
Tel. 447 91 15

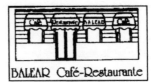

Arroces
y
Cava

Tu Sitio Tranquilo Para Tomar
Una Copa o Picar Algo

Además de un bonito ambiente de Café de principios de siglo, en el Café Balear encontrarás:

- Cavas
- Cervezas
- Licores
- Cafés especiales (prueba el Café Mediterráneo)

- Crêpes
- Tapas calientes
- Sandwichs

Abierto de 9 de la mañana a 1 de la madrugada.

a What else do they serve?
b When is it open?

Lectura

ℹ️ Platos y vinos de España *Dishes and wines of Spain*

La cocina española es muy variada. Todas las regiones de España tienen sus platos típicos, por ejemplo la paella, que es de la región de Valencia. Se ofrece la paella a los turistas en todas partes, pero es un plato valenciano, porque allí se cultiva el arroz. Es evidente que es el clima y la agricultura de la región que determinan cómo son los platos regionales. En el norte, se come *fabada* en Asturias, *mariscos* en Galicia (que tiene mucha costa y barcos de pescar), y bacalao en Bilbao. Se come cocido en Castilla, y muchos *fritos* en Andalucía, donde se produce muchísimo aceite de oliva. También de Andalucía es la famosa sopa fría *gazpacho*, preparado a base de aceite y tomate. España produce muchos vinos. Algunas regiones principales son:

Jerez de la Frontera: El vino de Jerez tiene fama mundial como aperitivo. Se exporta mucho a Inglaterra. También en Jerez se produce el coñac.

Valdepeñas: Al sur de Madrid, Valdepeñas produce vinos tintos que se maduran en enormes *tinajas*.

La Rioja: Los grandes vinos de La Rioja son de muy alta calidad. Tienen un sabor único que se deriva de su maduración en barriles de roble.

Ribera de Duero: Vinos buenísimos. El mejor de España: "Vega Sicilia Unico".

Cataluña: En el Penedés de Cataluña se producen buenos vinos blancos.

la cocina	*kitchen, or cuisine*
el arroz	*rice*
la fabada	*bean stew, with black pudding and fat bacon*
el bacalao	*cod, dried first and then soaked and cooked*
el cocido	*stew of meats with chick peas (**garbanzos**), served with green vegetables as equivalent to three courses – soup, vegetables and meat*
fritos	*fried dishes*
el aceite	*oil*
se maduran	*they mature*
tinaja	*huge earthenware jar*
un sabor único	*a unique flavour*
barriles de roble	*oak barrels*

En el restaurante *In the restaurant*

☆ *Restaurante* ☆
La Golondrina

Menú del día

Sopa de verduras
Entremeses
Tortilla a la española
Judías verdes con jamón
* * * * *

Merluza a la romana
Filete de ternera
Pollo al ajillo
con
Ensalada mixta
Patatas fritas
* * * * *

Flan
Helado de vainilla o chocolate
Fruta
* * * * *

Precio 15€
Pan y vino/agua mineral incluido

i For the first course you have a choice between vegetable soup, hors d'oeuvres, Spanish omelette and green beans with ham. The main course offers fried hake, fillet of veal or chicken cooked with finely chopped garlic, all served with a mixed salad and chipped potatoes. For dessert (**postre**) there is a caramel custard (not a fruit tart!), vanilla or chocolate ice-cream or fruit. Bread and wine or mineral water are included in the price.

Actividad

4 Play your part to complete the conversation with the waiter.

Camarero Buenos días. ¿Qué va a tomar? ¿De primer plato?
a You *Say you'd like the green beans.*

Camarero	¿Y segundo plato?
b You	*Say you like chicken, but not garlic, You'll take the hake.*
Camarero	¿Y de postre?
c You	*Say you want ice cream for dessert.*
Camarero	¿Prefiere helado de vainilla o de chocolate?
d You	*You prefer chocolate.*
Camarero	¿Agua mineral con gas o sin gas?
e You	*Say still, please.*
Camarero	¿Quiere vino blanco o tinto?
f You	*With the fish, perhaps white.*
Camarero	¿Va a tomar café? ¿Café con leche o café solo?
c You	*Say you don't want coffee, if it's not included.*

5 There are some other details you'd like to know. Ask the waiter:

a what the hors d'oeuvres are
b whether the hake is fresh (**fresca**)
c if the chicken has a lot of garlic
d what fruit there is
e if the wine comes from La Rioja
f whether you can have beer instead of wine

Informe extra

```
     FRUTOS SECOS
        MAESTRO

     NIF 13921104 D

 10/ABR/07  11:50  OP 00000
Art  k9   Euro/kg   Euro
1  HIGOS PAJARERO      2.20
   0   505   4.00
2  OREJONES
   0   495   6.60       3.27
3  ALMENDRA MARCO
   0   275  16:00       4.40
                      ------
Total  (3)             9.69
```

Frutos secos denotes a shop or stall selling nuts, dried fruit, crisps etc. and often a range of lurid and bilious-looking sweets. Here the customer has bought a variety of small figs (*higos*), almonds (*almendras*) and dried apricots (*orejones*, literally 'big ears').

19

asuntos prácticos
some practical matters

In this unit you will learn

- to use the telephone
- to change money at the bank
- to buy stamps and post letters
- to react to emergencies

Lectura

ℹ️ El cambio *Changing money*

Los turistas que visitan España tienen que ir al banco muchas veces para cambiar dinero. Aunque se puede cambiar dinero en hoteles y otros centros comerciales, en general el cambio no es tan favorable como en los bancos. En el banco hay que buscar la ventanilla donde dice 'Cambio'. Se puede cambiar billetes – libras, dólares – o cheques de viaje. También se puede sacar dinero con una tarjeta de banco. El turista necesita mostrar su pasaporte para comprobar su identidad. Después de comprobar la documentación hay que ir a la caja donde el cajero entrega el dinero.

El horario de los bancos es de lunes a viernes desde las 0830 hasta las 1400 horas. Los sábados sólo están abiertos desde las 0830 hasta las 1230 horas. Los domingos y días de fiesta están cerrados. En verano tienen un horario modificado y están cerrados los sábados.

Tourists visiting Spain often have to go to the bank to change money. Although one can change money in hotels and other commercial establishments, the rate is not usually as favourable as in the banks. In the bank you have to look for the window where it says 'Exchange'. One can change notes – pounds, dollars – or travellers' cheques. The tourist has to show his passport to prove his identity. After checking the documentation one has to go to the cash-desk, where the cashier hands over the money.

Notes

Check the above translation with the Spanish version and note the meanings of the new words. The second paragraph should be clear – it gives the usual opening times of banks in Spain. Particularly useful is:

hay que   *one must*

and the phrase:

los turistas tienen que   *the tourists have to*

Other examples of the use of this sort of word group are:

Tengo que   *I have to*
Tengo que ir   *I have to go*

| Paco tiene que comprar … | Paco has to buy |
| Tenemos que visitar … | We have to visit … |

ℹ Correos *The post*

Para mandar cartas y postales hay que comprar sellos. Los sellos se venden en Correos y también en estancos. Un estanco es una tienda pequeña donde se vende tabaco, cerillas, postales y, claro, sellos para la correspondencia. Las cartas a otros países se mandan por avión. Se puede pedir 'un sello para Inglaterra/para los Estados Unidos/para Australia, etc. por favor'. Se echa la carta en un buzón. El buzón está pintado de amarillo.

mandar	*to send*	**pedir**	*to ask for, request*
la carta	*letter*	**echar**	*to post (lit. to throw)*
la postal	*postcard*	**el buzón**	*postbox*
el sello	*postage stamp*	**pintado**	*painted*
el estanco	*tobacconist's*	**amarillo**	*yellow*
las cerillas	*matches*		

ℹ Necesidades personales *Going to the toilet*

Para ir al WC en una ciudad en España generalmente hay que entrar en un café o en un bar. Se pregunta 'Por favor, ¿los servicios?' o en un hotel más elegante. '¿Los aseos, por favor?' En las puertas dice *Caballeros* o *Señoras*.

los servicios	*conveniences*
los aseos	*cloakroom, washroom*
	(a cloak room where one leaves
	coats is **un guardarropas***)*

Actividad

▶ 1 Work through the following exercise, based on the above three ℹ passages. Check with the **Key** if there are any words you don't know, or have forgotten.

How would you, in Spanish:

a ask if you can change money in the hotel?
b say that you want to change one hundred pounds sterling?

c ask what the rate of exchange is?
d say that you prefer to go to a bank?
e ask what time the bank closes?
f say that you must get to the bank before two o'clock?
g say that you have travellers' cheques in dollars?
h ask where the cash desk is?
i ask where you can buy stamps?
j say that you want two stamps for airmail letters to the United States and five stamps for postcards to England?
k say that you have to post the letters today?
l ask where the nearest letter-box is?
m ask where the cloakroom is?

Repeat the exercise with progressively less checking with the Key until you are fluent.

Documento número 17

```
            TELEBANCO  4B

        REF.      0030.6020.00

   FECHA       HORA     OPERACION    DEPO/AUT
29/11/2002   11:37        76

TARJETA NUM.    ******   ****   **4914/0

IMPORTE
RETIRADO    ******100,00 EUR DE C/C

SALDO EN C/C      + 2.139,13 EUR


FECHA: 29/11/02
        ***GRACIAS POR SU VISITA***
```

This is a slip produced by a cashpoint machine when you withdraw some money. You will see the date and time of the transaction, the sum withdrawn – **importe retirado** – in this case 100 euros. **Saldo en c/c** means 'balance in current account' (**cuenta corriente**).

i Notice that the thousands are separated from the hundreds by a full stop, not a comma. To confuse matters further, the decimal point is indicated in Spanish by a comma, not a full stop. So if you want to say 2.5, *two point 5*, you say **2,5**, **dos coma cinco**.

Can you give the date in words? And say the balance out loud?

Lectura

ℹ Cómo llamar por teléfono *How to make a phone call*

A veces se necesita llamar por teléfono a casa. Se puede hacer llamadas internacionales desde un teléfono público o desde el teléfono de un hotel. También se puede hacer llamadas de 'cobro revertido'. Para una llamada internacional hay que marcar el numero 00. Después se marca el prefijo del país (Gran Bretaña es 44, los Estados Unidos es 1, Francia es 33), la ciudad (para Inglaterra sin el cero, por ejemplo Londres (centro) es 20 7, no 020 7), Los Angeles es 213, seguido del número del abonado. Si se oye un tono interrumpido rápido significa que está comunicando. ¡Toda es más fácil y más barato si se manda un mensaje en el móvil!

la llamada	*call*
una llamada de cobro revertido	*a reverse charge call*
marcar	*to dial*
el prefijo	*prefix, code*
el abonado	*the subscriber*
oír/se oye	*to hear/one hears, you hear*
comunicando	*engaged*
el mensaje	*message*
el móvil	*mobile phone* (in South America: el celular)

Language point

Oír *to hear*

Notice the phrase **si se oye** *if one hears*. **Oye** is part of the verb **oír** *to hear*. The present tense forms are as follows:

I	oigo
you (**tú**)	oyes
he/she/it/you (**Vd.**)	oye
we	oímos
you (**vosotros**)	oís
they/you (**Vds.**)	oyen

You will see this is a little like the forms of **decir, seguir,** and **salir** that you met in Unit 14.

The form **oiga** *listen!* is used if you are trying to get through on the phone and saying *hello*. When you pick up the phone which is ringing you say **diga** (lit. *speak!*). **Oiga** is also used to attract someone's attention – a more polite form than 'psst'.

ℹ️ Urgencias *Emergencies*

Si no se sabe qué número marcar, se puede buscar en la guía. Aquí hay unos teléfonos útiles de la guía de Madrid.

TELÉFONOS ÚTILES

CRUZ ROJA	AMBULANCIAS	BOMBEROS	POLICIA
Urgencias	Cruz Roja		
522 22 22	**479 93 61**	**080**	**091**

TAXIS	IBERIA	AYUDA CARRETERA	RENFE
Radio-Taxi		Tráfico de carreteras	
447 51 80	**411 25 45**	**742 12 13**	**429 02 02**

Vds. ven aquí los números que hay que marcar si se necesita un taxi, si hay un incendio, o si su coche tiene una avería, etc.

bomberos	*firemen*
RENFE	*Red Nacional de Ferrocarriles Españoles –*
	the Spanish National Railway Network
incendio	*fire (an accidental fire – the more common*
	word is **fuego***; a bonfire is* **una hoguera***)*
avería	*breakdown*
la policía	*police (force)*
el policía	*policeman*
Similarly:	
la guía	*guidebook, directory, guide*
el guía	*guide (if it's a man)*

Actividad

2   Look at this sentence, then complete the others in the same way.

Si hay un accidente, hay que llamar a la cruz roja.
Si hay un incendio, ...
Si hay un robo, ...
Si se quiere ir al teatro, ...
Si se quiere tomar un avión ....
Si hay una avería en el coche, ...
Si se quiere ir en tren, ...

Now go straight on to the following sentences, which will give you the answers.

Without looking at the above, do the same process with the phrases reversed. The first one has been done for you.

Hay que llamar a la cruz roja si hay un accidente.
Hay que llamar a los bomberos ....
Hay que llamar a la policía ....
Hay que llamar a radio-taxi ....
Hay que llamar a Iberia ....
Hay que llamar a ayuda carretera ....
Hay que llamar a la RENFE ....

Repeat this exercise until you can do both sets of sentences without cross-checking.

20

hablando del tiempo

talking about the weather

In this unit you will learn
- to describe the weather
- to name the points of the compass

Lectura

Aquí hay un pronóstico del tiempo como se ve cada día en el periódico (*see the weather map below*).

Hoy llueve en el norte de España, y hace sol en el sur. Hay nubes y claros en el centro, el oeste y el este, y también en el noreste.

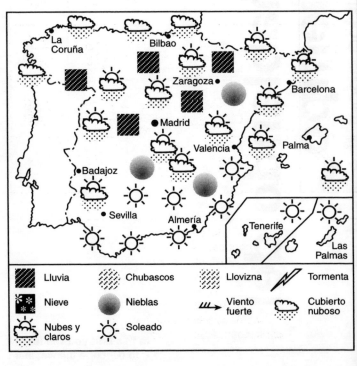

¿Cómo es el tiempo en abril? *What's the weather like in April?*

Now look at the record below, of the weather one April, and read the description that follows.

El l y 2 de abril hay nubes y claros, pero el 3 llueve. Hay tormenta el 4, y dos días más de lluvia. El 7 y 8 caen chubascos, después sale el sol y hace sol cuatro días seguidos. El 14 está nuboso, y las nubes siguen hasta el día 16, cuando hace mucho viento; hay más lluvia el día 17. Después, el tiempo mejora un poco pero hace mal tiempo el 23, 24, 25 y 26 cuando el cielo está cubierto, llueve y hay tormenta. Pero el mes de abril termina con buen tiempo y cuatro días de un sol espléndido.

lluvia	rain
chubascos	showers
llovizna	drizzle
tormenta	storm
nieve	snow
niebla	fog
viento fuerte	strong winds
cubierto nuboso	cloud cover

nubes y claros	*sunny periods*
soleado	*sunny*
caer	*to fall* (see Unit 7)
llover	*to rain*
seguir	*to continue, follow* (see Unit 14)
mejorar	*to improve*
el cielo	*the sky*

▶ Notes

You can also say:

Hace calor, hace mucho calor.	*It is hot, very hot.*
Hace frío, hace mucho frío.	*It is cold, very cold.*
Hace (mucho) viento.	*It is (very) windy.*
Hace sol.	*It is sunny.*
Hace buen tiempo.	*It is fine.*
Hace mal tiempo.	*The weather is bad.*

Notice also:

| Llueve. | *It rains (in general).* |
| Está lloviendo. | *It is raining (now).* |

Similarly:

| Nieva en invierno. | *It snows in winter.* |
| No está nevando ahora. | *It is not snowing now.* |

Actividad

▶ 1 Using the information in the weather record and description, answer the following questions in Spanish.

a ¿Qué tiempo hace el tres de abril?
b ¿Está lloviendo el día siete?
c ¿Cuándo sale el sol otra vez?
d ¿Hace calor el día cuatro?
e ¿Hace buen tiempo el dieciséis y diecisiete?
f ¿Hace mejor tiempo el día veinte o el veintiuno?
g ¿Cuándo hace peor (*worse*) tiempo, el veintidós o el veintitrés?
h ¿Cuántos días de sol hay este mes?
i ¿Cuántos días hay de lluvia intensa?
j ¿En qué días hay tormentas?

The points of the compass

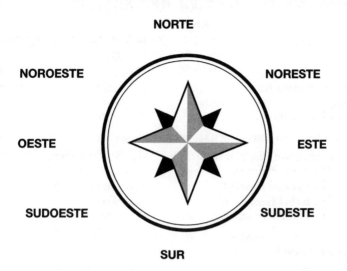

2 The sentences below are based on the forecast shown on the weather map on page 154. Look back at the map and fill in the gaps in each sentence.

a En Badajoz hay ... y ... pero en Sevilla ... .
b En el noroeste de España ... ... está ... de nubes, y hay ... también.
c Al norte y al sur de Madrid, hay ... y ... , pero al oeste y al noreste de la ciudad hay ... .
d Las regiones del país donde está soleado son Las ... , ... , y el ... .
e En Bilbao, no hace ... tiempo – hay ... .
f Al oeste de Barcelona, y en el sudeste del país, hay ... , pero en la costa sudeste está ... .

Language point

Hace calor/tengo calor *It's hot/I'm hot*

Notice the difference between:

	Hace calor.	*It (the weather) is hot.*
	Hace frío.	*It is cold.*
and	Tengo calor.	*I am hot. (lit. I have heat.)*
	Tengo frío.	*I am cold.*
and	El agua está caliente.	*The water is hot.*
	El café está frío.	*The coffee is cold.*

In other words you use **hace** when saying that the weather is hot or cold, but you use **tengo** when saying that you, personally, are hot or cold. Similarly:

¿Tienes frío?	*Are you cold?*
Isabel tiene frío.	*Isabel is cold.*
En agosto tenemos calor.	*We are hot in August.*

Things or substances such as drinks, food, or metal simply *are* (**está/están**) hot (**caliente**) or cold (**frío**):

Esta cerveza no está fría.	*This beer isn't cold.*
Este chocolate está demasiado caliente.	*This chocolate is too hot.*

21

para terminar ...

and finally ...

Read this unit last, whatever the order in which you have studied Units 12 to 20. Here we try to put things in perspective for you, and fill in one or two of the inevitable gaps.

Firstly, as we have already mentioned, Spanish is not the only language you will hear in Spain. Look again at the map in Unit 15. In the north-east, in Cataluña, you will hear Catalan and see street signs, shops names, etc. in Catalan. Similarly, at the other end of the Pyrenees, further north-west, you will hear Basque. All the inhabitants speak Spanish as well, of course. Also, as in most countries, there are local accents and dialects. The language you have read in this book and heard on the recording is standard Spanish – Castilian – which is fundamentally the language of Old Castile, the area north of Madrid. Perhaps the clearest Spanish spoken by ordinary people is to be heard in the regions which centre on Burgos and Soria. In other regions, people speak with an accent, sometimes too slight for you to notice, elsewhere so extreme that it is difficult to understand people until you get used to the way they speak. And remember that Spanish is the official language of 21 countries, with more than 440,000,000 speakers, who have, naturally, wide differences of accent and vocabulary, through the grammar is fairly universal. Many immigrants in Spain have come from these countries. Then again, just as with English, not everyone speaks very well. Some people gabble, some use slang, some are not very articulate. But nevertheless they will all, in general, make quite an effort to help you understand and to understand you. As we said in the **Introduction**, the Spanish are usually delighted that you have taken the trouble to learn some of their language and will go out of their way to be accommodating.

Secondly, you can learn a lot from the written language that you come across, such as signs and lettering you see in the street. Here are a few of the more common ones which may be of practical use.

Prohibiciones *Prohibitions*

No tocar	*Do not touch*
No fumar	*No smoking*
Perros no	*No dogs allowed*
No aparcar. Llamamos grúa.	*No parking. Towaway in operation (lit. we call the crane)*
No tire colillas/papeles/basura	*Do not drop cigarette butts/ paper/rubbish*
No pisar el césped	*Keep off the grass*
Privado	*Private*
Prohibido el paso	*No entry*

Instrucciones *Instructions*

Empujad/Tirad	*Push/Pull (on doors)*
Llamar	*Ring (or knock) (for attention)*
Introdúzcase la moneda en la ranura	*Insert the money in the slot*
Prepare la moneda exacta	*Tender the correct fare*
Peatón – circule por la izquierda	*Pedestrian – walk on the left*
P En batería	*Parking (side by side)*
P En línea (en cordón)	*Parking (end to end)*

Información *Information*

Entrada/Salida	*Entrance/Exit*
Sin salida	*No exit*
Abierto/Cerrado	*Open/Closed*
Cerrado por vacaciones	*Closed for annual holiday*
Cerrado por descanso del personal	*Closed for staff holiday*
No funciona	*Out of order*
Se vende	*For sale*
Agua potable (agua no potable)	*Drinking water (non-drinking water)*
Hecho a mano	*Hand-made*
De artesanía	*Hand-made*
No se admiten reclamaciones	*Goods are non-returnable*
Paso de peatones	*Pedestrian crossing*
Ambulatorio	*Out-patients' clinic*

Lastly, how much of the grammar of Spanish have we been able to cover in this book? Enough, we hope, to enable you to manage in relatively straightforward, practical situations. But of course there is a great deal which we have not explained, and which falls outside the aim of this particular course. Much of it is related to verbs. We have not included, for example, any means of indicating actions or events which have occurred in the past (except for a fleeting reference in Unit 16: **me he dado un golpe en la cabeza** *I have hurt my head*). Neither have we explained how to indicate events which will occur in the future. However, you can exploit one method of talking about the future by using the words for *go*. (See Unit 14.) Look at these examples:

Voy a comprar las entradas.	*I'm going to buy the tickets.*
Voy a ir.	*I'm going to go.*
Vamos a visitar el museo.	*We're going to visit the museum.*
Van a llegar mañana.	*They will arrive tomorrow.*

Other types of sentences are less simply conveyed in Spanish. You will have to follow a more advanced course than this in order to cope with sentences such as *If I had known, I should have come earlier.* In the same way, issuing commands – *give it to me, don't tell him so* – involves much practice, as we suggested in Unit 15. Even when you have mastered most or all of the formal grammar, there are many usages which seem to fall outside what is explained in the textbooks and dictionaries, especially in the everyday use of the language by Spaniards amongst themselves. But this can be an advantage, because you can acquire a good deal of language use by training yourself to *listen*, to note what the Spanish say in certain situations or to convey certain reactions, and by imitating them. Here are a few examples of common conversational phrases that are worth learning.

¡No me diga(s)!	*You don't say! Well I never!*
¡Vaya coche/casa! etc.	*What a car/house! etc.*
¡Vaya jaleo!	*What a racket! (noise)*
¡Vaya una cosa!	*Well, there's a thing!*
Que le (te) vaya bien.	*I hope things go well with you.*
Me viene muy bien.	*It's just right, it's very convenient, just what I wanted.*
Me da igual.	*I don't mind, it's all the same to me (see Unit 9).*
Digo	*I mean (said when you have made a mistake and are correcting yourself).*
¡Qué cosa más rara!	*What a peculiar thing!*
¡Qué cosa más fina! etc.	*What a fine thing! etc.*
¡Qué emoción!	*How exciting!*
¡Qué cara más dura!	*What a sauce! What a cheek!*
Desde luego	*Of course (agreeing with s.one).*
¡Qué lío!	*What a mix-up!*
¡Qué pena!	*What a shame!*
Me da vergüenza/me da corte	*I feel embarrassed about it.*

Es para volverse loco	*It's enough to drive you mad.*
No faltaría más.	*By all means/please do.*
No hay de qué/de nada.	*Don't mention it/you're welcome.*
En absoluto.	*Not in the slightest.*
Por lo menos	*At least*
Más o menos	*More or less*
¿Cuánto vale?	*How much is it?*

¡Vaya! and ¡anda! are very common expressions and can be used in a variety of ways. For example, ¡anda! can be a mild expression of surprise, a much stronger one if you drag out the last syllable ¡andaaaa! To express disbelief you can repeat it rapidly and dismissively: anda, anda, anda. (Or ande, ande, ande if you are using Vd.) You need, though, to hear these expressions in action before you use them yourself.

This point returns us to what we said at the beginning, in the **Introduction**: language is above all a social activity. There is a limit to what you can usefully do on your own, and experts would disagree about where that limit is. What you need to do, now that you have worked through this book, is to use every opportunity to speak Spanish, in Spain if possible, but failing that, in a class with a group of other learners, or with a native speaker. ¡Que le vaya bien!

Congratulations on completing *Teach Yourself Beginner's Spanish*. If you have enjoyed the course and want to take your Spanish further, why not try the later units of *Teach Yourself Spanish* or *Teach Yourself Latin American Spanish*, or, if you feel really confident, *Teach Yourself Improve your Spanish*? You should find any of these ideal for building on your existing knowledge and improving your listening, reading and writing skills.

We are always keen to receive feedback from people who have used our course, so why not contact us and let us know your reactions? We'll be particularly pleased to receive your praise, but we should also like to know if you think things could be improved. We always welcome comments and suggestions and we do our best to incorporate constructive suggestions into later editions.

You can contact us through the publishers at: *Teach Yourself Books*, Hodder Headline Ltd, 338 Euston Road, London NW1 3BH.

Mark Stacey and Ángela González Hevia

taking it further

As we hinted in the introduction, language does not exist in a water-tight compartment – it inter-meshes with literature and culture, history and psychology. The way that Spaniards think is both constrained and freed by the way they speak, and vice-versa. Knowledge of a language, therefore, once you get past the basics, opens the doors and windows onto a landscape of richness and diversity, particularly in the case of a major world language like Spanish. So if you feel inspired to continue your study of the language, or to delve into Spanish life and civilization apart from the language, here are a few pointers.

Language

In the *Teach Yourself* series there are further courses:

Teach Yourself Spanish, Juan Kattán-Ibarra, 2003
Teach Yourself Latin American Spanish, Juan Kattán-Ibarra, 2003
Quick Fix Spanish Grammar, Keith Chambers, 2003
Spanish Grammar, Juan Kattán-Ibarra, 2003
Spanish Verbs, María Rosario Hollis, 2003
Spanish Vocabulary, Mike Zollo, 2003
Improve Your Spanish, Juan Kattán-Ibarra, 2003
World Cultures: Spain, Mike Zollo & Phil Turk, 2003

If you have been working on your own on the present course you really need to start learning with other people, or find any means of talking to a Spanish speaker (whether native or English) – a friend, a teacher, a student perhaps.

You can also get Spanish newspapers and magazines at good newsagents ranging from the serious *El País* (the Sunday edition has a colour supplement) to *¡Hola!*, the original *Hello!* magazine. In both cases, do not scorn the advertisements – easily understood and containing useful material.

On the Internet, you can access web-sites in Spanish through, for example, **http://espanol.yahoo.com**, but these are of limited use, and not all pages can be displayed.

Background reading

Much of the best writing about Spain, in English, has been in print for some time, but the following are still available and can be considered classics of the genre:

The Face of Spain (Penguin 1987) and *South from Granada* (Cambridge University Press, 1980), both by Gerald Brenan.

The Spanish Temper by V.S. Pritchett (Hogarth Press, 1984)

Spain by Jan Morris (re-issued by Penguin 1982)

The Spanish Civil War by Hugh Thomas (Eyre and Spottiswoode, 1961)

The best modern account of Spain's twentieth century history is the widely praised *The Battle for Spain* by Antony Beevor (Phoenix, 2006). A good general history is edited by Raymond Carr – *Spain, a History* (Oxford University Press).

Laurie Lee has written two delightful personal accounts, both published by Penguin *As I Walked out One Midsummer Morning* and *A Rose for Winter*. And for a chatty, best-selling narrative Chris Stewart's *Driving Over Lemons* is amusing and entertaining,

For those interested in Spanish art and architecture a browse along the relevant shelves of a good UK bookshop can be useful, or, much better, still, the same procedure in a Spanish bookshop, which will have a much greater selection, including books and guides based on the region you happen to be in.

Travel

There are of course hundreds of seaside package holidays available from any travel agent, but, as Dr Johnson said to Boswell 'There is a good deal of Spain that has not been perambulated. I would have you go, thither'. One way to 'perambulate' Spain is to drive and stay at the Spanish paradors; this can be arranged through Keytel International (tel 020 7616 0300, e-mail: parador@keytel.co.uk) or you can phone direct (0034 91 516 6666, e-mail: reservas@parador.es). For general information the phone number is 0034 902 54 7979 and website www.parador.es. To stay at restored country houses and farms log on to **www.ecotourismorural.com** or **www. planrural.com**).

The best maps to take are probably Michelin Regional España, 571 to 579 (edition5, 2007). Once in Spain, you can buy the *Mapa Oficial de Carreteras*, which is much more detailed, prepared by the Ministerio de Fomento, and revised every year.

The Spanish Tourist Office in London is at 79, New Cavendish Street, London W1W 6XB (visits by appointment only). Information is provided on tel: 020 7486 8077, e-mail: info.londres@tourspain.es and website **www.tourspain.co.uk**.

If on your return from Spain you want to retain the tastes and atmosphere you have enjoyed you can buy a range of Spanish food and wine, cookware, ceramics and toiletries, directly imported and not otherwise available in the UK. Log on to **www.purespain.co.uk**.

The Spanish health service is, in general, good, especially primary health care. Always travel with a European Health Insurance Card, which will entitle you to treatment at a Health Centre, or ambulatorio. You should also take out further health insurance before leaving home, in case you need **Urgencias** (Accident and Emergency) in a local hospital, or even have to be flown home.

Self-assessment Test 1: Units 1–11

Work through this little test in writing, without referring back. Do all of it before checking with the answers and scoring at the back of the book.

1 Useful phrases. Can you remember the Spanish for …?

    a Goodbye for now   **f** Many thanks
    b Sorry   **g** I love you
    c Not at all   **h** English is spoken here
    d I don't understand   **i** I'm in a hurry
    e I don't speak French   **j** I don't like it

                    (2 points each)

2 Can you remember the Spanish for …?

    a an American   **f** a lady from Cataluña
    b a German   **g** a man who is retired
    c a man from Madrid   **h** a lady from Burgos
    d a lady from Spain   **i** a man from Argentina
    e a man from Barcelona   **j** a millionaire

                    (1 point each)

3 Fill in the gaps with either **es** or **está**:

Ricardo tiene 65 años. No **a** _____ casado, **b** _____ soltero. Su casa **c** _____ en Barcelona pero en este momento Ricardo **d** _____ en Madrid. **e**_____ un hombre alto y activo, pero **f** _____ jubilado. Tiene muchos amigos, y cuando **g** _____ con ellos lo pasa muy bien. Dice que **h** _____ importante ver a amigos, pero **i** _____ un hombre moderado y siempre **j** _____ en la cama antes de las doce.

                    (2 points each)

4 Supply the correct pronoun (**me, te, se, nos**) in the following sentences:

a _____ levanto a las seis y media.
b En una fiesta _____ divertimos mucho.
c En Europa _____ circula por la derecha.
d En Argentina _____ habla español.
e Cuando _____ levantamos, _____ lavamos y _____ vestimos.
f Isabel, ¿a qué hora _____ arreglas para salir?
g Si salgo por la tarde, _____ arreglo a las ocho.
h Paco, ¿_____ apetece un güisqui?

(1 point each)

Self-assessment Test 2: Units 12–21

As before, work through this little test in writing. Do not refer back until you check the answers, which are at the back of the book.

1 Can you think of ten notices which might appear on a door in a Spanish town?

(1 point each)

2 How do you say, in Spanish …?

a The weather is hot
b I'm hot
c The water is hot
d It's raining
e It's windy
f It's sunny
g It's fine
h It's cold
i It's snowing
j It's enough to drive you mad!

(1 point each)

3 How do you say in Spanish …?

a I give b I go c I have d I make e I say f I follow
g I see h I hear i I leave j I put

(2 points each)

4 Give short answers to these questions, following the examples.

Example: ¿Dónde se compra pan? *En la panadería.*

a ¿Dónde se compran medicamentos?
b ¿Dónde se compra un periódico?
c ¿Dónde se compra jamón?
d ¿Dónde se compra un libro?

Example: ¿Quién vende pescado? *El pescadero.*

e ¿Quién vende filetes de ternera?
f ¿Quién vende fruta?
g ¿Quién vende pasteles?
h ¿Quién vende leche?
i ¿Dónde se cambia dinero?
j ¿Dónde se compran sellos?

(1 point each)

5 Give answers in Spanish to following sums:

a 24 + 24 =   f 300 + 250 =
b 25 – 3 =   g 1000 × 4 =
c 33 × 3 =   h 1000 – 300 =
d 75 + 25 =   i 1000 – 100 =
e 75 + 26 =   j 700 × 3 =

(1 point each)

key to the exercises

Unit 1

Actividades

2 a Buenos días, señor **b** Hola *or possibly* Buenos días
c Buenas tardes, señores **d** Hola **e** Buenas noches **3 a** Este
señor es Paco. **b** Esta señorita es Isabel. **c** Esta Sra. es la
señora Ortega. **d** Estos señores son los señores Herrero.
e No, este señor no es Pedro, es Paco. **f** No, esta señorita no
es Luisa, es Isabel. **g** No, estos señores no son los Sres.
García, son los Sres. Alba. **4 a** Estos señores son los Sres.
Méndez, ¿no? **b** Este señor es Paco, ¿no? **c** Esta señorita es
Juanita, ¿no? **d** ¿Es Vd. Paco? **e** ¿Son Vds. los Sres. Alba?
5 a ¿Cómo se llama Vd. (señor)? *or* ¿Quién es Vd. (señor)?
b ¿Cómo se llama? *or* ¿Quién es (esta señorita)? **c** ¿Cómo se
llama Vd. (señora)? *or* ¿Quién es Vd.? (señora)? **d** ¿Cómo se
llama? *or* ¿Quién es (este señor)? **e** ¿Se llama Vd. Pedro
(señor)? *or* ¿Vd. se llama Pedro, ¿no? *or* ¿Es Vd. Pedro
(señor)? *or* Vd. es Pedro, ¿no? **f** Esta señorita se llama Luisa,
¿no? **g** Vds. son los Sres. Ortega, ¿no? **6 a** me llamo **b**
perdone **c** ¿quién es? **d** hola **e** hasta luego *Column A:* Adiós
Documento número 1: Hotel San Nicolás

Self-evaluation

1 ¿Quién es Vd.? *or* ¿Cómo se llama Vd.? **2** Me llamo … *or*
Soy … **3** ¿Se llama Vd…? *or* ¿Vd. es …? **4** Perdone, señorita
5 Estos señores son los Sres. Méndez.

Actividades

1 a Soy de (*place name*). **b** Soy inglés (inglesa), americano (americana), etc. **c** No soy español (española). **d** ¿Es Vd. español, Paco? **e** Isabel, ¿es Vd. española? **f** ¿De dónde es Vd., Isabel? **g** Sres. Méndez, ¿de dónde son Vds.? **h** ¿Son Vds. de Madrid, Sres.? (Sí, somos de Madrid.) **i** Sres. Méndez, ¿son Vds. españoles? (Sí, somos españoles.) **j** Somos ingleses. **k** No somos españoles. **2 a** Un sevillano es de Sevilla. **b** Un madrileño es de Madrid. **c** Un barcelonés es de Barcelona. **d** Un granadino es de Granada. **e** Un cordobés es de Córdoba. **f** Un malagueño es de Málaga. **g** Un burgalés es de Burgos. **h** Un zaragozano es de Zaragoza. **i** Un tarraconense es de Tarragona. **j** Un toledano es de Toledo. **k** Un salmantino es de Salamanca. **l** Un vallisoletano es de Valladolid. **m** Un zamorano es de Zamora. **n** Un conquense es de Cuenca. **o** Un gaditano es de Cádiz. **p** Un donostiarra es de San Sebastián. **3** italiano, español, francés, inglés, catalán, ruso (*Russian*), danés (*Danish*) **4 a** Sí, hablo inglés **b** Sí, soy americano, *or* No, soy … Vd. es catalán, ¿no? **c** No, no entiendo catalán. Hablo francés y español. **d** Muchas gracias. **5 a** iv, **b** i, **c** v, **d** iii, **e** ii **Documento número 2:** Soy como soy.

Self-evaluation

1 Soy … (e.g. de Londres, de Nueva York, de Canberra, madrileño/a, etc.) **2** Soy (e.g. inglés, americano, francés, australiano, etc.) **3** Hablo (e.g. inglés, francés, alemán, etc.) **4** Vd. habla inglés muy bien. **5** ¿De dónde es Vd.? **6** ¿Es Vd. (e.g. español/española, inglés/inglesa, americano/americana, etc.)? **7 a** español/española **b** escocés/escocesa **c** catalán/catalana **d** vasco/vasca **e** alemán/alemana

Unit 3

Actividades

1 a V **b** F **c** F **d** F **e** V **f** V **2 a** Paco trabaja en una oficina de la calle Goya. **b** Paco vive en un apartamento en la calle Meléndez Valdés. **c** Isabel trabaja en la oficina de Iberia en la calle María de Molina. **d** Isabel vive con la familia en un piso en la calle Almagro. **e** No, Paco no vive en un piso grande, vive en un apartamento pequeño. **f** No, Isabel no vive en la calle Goya, vive en la calle Almagro. **g** Es Paco quien vive en la calle Meléndez Valdés. **h** Es Isabel quien trabaja en María de Molina. **i** No, Paco no trabaja como administrador, es arquitecto. **j** La oficina en María de Molina es de Iberia – Líneas Aéreas de España. **3 a** los **b** el **c** la **d** las **e** los **f** la **g** el **4 a** un colegio **b** una oficina **c** un hospital **d** una oficina *or* un estudio **e** un teatro **f** un café **5 a** ¿Dónde vive Vd., Paco? (Vivo en Meléndez Valdés, en un apartamento.) **b** ¿Dónde trabaja Vd., Isabel? (Trabajo en María de Molina, en la oficina de Iberia). **c** Vivo también en un apartamento pequeño. **d** Trabajo en una oficina también. **e** No hablo muy bien el español todavía. **f** Soy inglés/inglesa (escocés/escocesa, etc.). Hablo inglés **6** *Missing number* – siete.

Self-evaluation

1 veinte, diecinueve, dieciocho, diecisiete, dieciséis, quince, catorce, trece, doce, once, diez, nueve, ocho, siete, seis, cinco, cuatro, tres, dos, uno, cero **2** Paco vive en la calle Meléndez Valdés, número cinco, tercero D, en Madrid. **3** Isabel, ¿qué hace Vd.? ¿Y dónde trabaja Vd.? **4** Soy director(a) de una empresa. **5** Vivo… y trabajo … **Documento número 3: a** 4 **b** in a garage **c** during office hours

Unit 4

Actividades

1 Paco es español. Isabel es madrileña. Los Sres. Méndez están casados. El apartamento de Paco es pequeño. Iberia es una compañía importante. Isabel y Paco son madrileños. El piso de Isabel es muy grande. La oficina de Paco está en la calle Goya. **2 a** no están **b** no es **c** no es **d** no está **e** no son **f** no están **g** no está **h** no son **3 a** Está muy bien. **b** No, está casada con Paul. **c** Sí, naturalmente. **d** Es muy simpático. Es escocés. **e** Viven en Edimburgo. **f** Es contable y trabaja en Edimburgo. **g** Sí, trabaja en una agencia de turismo. **4 a** Está muy bien. **b** No está muy bien. **c** Es arquitecto. **d** Está en casa. **e** Está de vacaciones. **f** Está contento. **g** Es de Madrid. **h** Está en Madrid. **i** Es español. **j** Está constipado. **5 a** Están muy bien. **b** No están muy bien. **c** Son simpáticos. **d** Están en casa. **e** Están de vacaciones. **f** Están contentos. **g** Son de Madrid. **h** Están en Madrid. **i** Son españoles. **j** Están constipados. **Documento número 4: a** El Tabernón **b** En Ávila **c** La calle San Segundo

Self-evaluation

1 Estoy contento/a **2** Estoy de vacaciones. **3** ¿Qué hace Vd.? or ¿Dónde trabaja Vd.? **4** Estoy casado/a, estoy soltero/a. **5** ¿Está Paco? **6** ¿Cómo está Vd.? **7** Estoy bien./No estoy muy bien.

Unit 5

Actividades

1 a El padre de Luis es el Sr. Méndez. **b** Se llama Luis. **c** Se llama Isabel. **d** Tiene cuatro abuelos. **e** Tiene un sobrino. **f** Los señores Méndez son los suegros de Margarita. **g** Los señores Ballester son los suegros de Luis. **h** Isabel es la cuñada de Luis. **i** Se llama Fernando. **j** Luisito tiene dos tíos y una tía. **2 a** hermana **b** hermanos **c** mi, mi cuñado **d** mis, abuelos **e** cuatro **f** mi, se llama **g** mi, el hermano **h** cuatro, un **i** una hija **j** están, tienen **3 a** Carlos López Silva **b** Carmen Rivera García **c** Ana Serrano **d** Pedro López Rivera **e** Carmen López Rivera **f** Diego López Rivera **g** María Ayala **h** Carmen López Serrano **i** Diego López Ayala **j** José María López Ayala **4 a** pero Isabel no **b** pero Isabel no **c** pero Isabel sí **d** pero Isabel sí **e** pero Isabel sí **f** pero Isabel no **5 a** Hoy hay fabada en el restaurante. **b** En el quiosco hay billetes de lotería. **c** No. Para el teatro no hay entradas. **d** Hay cuatro vuelos diarios de BA de Londres a Madrid. **e** Sí. El apartamento de Paco es suficiente para él. **f** No es de él, está alquilado. **g** Porque sus padres viven en Alicante. **h** El coche de Paco siempre está en la calle. **i** No es de ella, es de sus padres. **j** El perro en casa de Isabel es de su madre.

Unit 6

Actividades

1 a el uno de marzo **b** el dieciséis de junio **c** el treinta y uno de agosto **d** el dos de noviembre **e** el cuatro de julio **f** el

diecinueve de mayo **g** el veintidós de febrero **h** el diez de abril
i el vientiséis de octubre **j** el veinticuatro de diciembre **k** el
treinta de enero **l** el once de noviembre **3 a** Voy a Santander.
b Porque tengo un congreso en Santander. **c** No. En Barcelona
tengo una reunión. **d** Voy el cinco de junio. **e** A Barcelona voy
el día nueve. **f** Voy en coche. **g** Vuelvo a Madrid el diez de
junio. **h** Porque voy directamente de Santander a Barcelona.
4 a Estamos en Málaga porque estamos de vacaciones. **b**
Volvemos a Madrid el día treinta. **c** Pasamos un mes en
Málaga. **d** No. Tenemos un piso alquilado. **e** Vamos al café
para tomar el aperitivo. **f** Sí. Vamos mañana también. **g** Sí.
Vamos todos los días. **h** No. Volvemos a casa para comer. **i** No
tenemos familia en Málaga, pero sí tenemos amigos. **j** Vamos
al cine o al teatro. **5 a** Sí, voy a Santander y Madrid. **b** Voy el
día veinte de julio. **c** Paso diez días en Santander, y después
voy a Madrid. **d** Sí, paso cinco días en Madrid con mis
amigos. **e** No, tomo el tren. **6** Para visitar las capitales de
provincia se puede alquilar un coche. Para un aperitivo se
puede tomar un gin-tonic. Para ir a Barcelona se puede tomar
el tren, el avión, o el autobús. Para ir a Gerona en agosto se
puede tomar un vuelo charter. Para pasar un mes en Málaga se
puede alquilar un piso. Para visitar Venezuela se puede tomar
un vuelo internacional de Iberia. Para comer se puede ir a un
restaurante. Para la digestión después de comer se puede
dormir la siesta. **Documento número 5: a** 117 euros and 30
cents. **b** 52 **c** Fill in your name, address, post code, town,
county, telephone number, signature, method of payment.
Documento número 6: Servicios especiales de lujo (*special
luxury service*), más rápidos (*faster*), más seguros (*safer*), más
cómodos (*more comfortable*), que cualquier (*than any*) otro
medio (*other means*) de transporte por carretera (*of road
transport*) que Vd. puede elegir (*that you can choose*).

Self-evaluation

1 Treinta y uno, treinta, veintinueve, veintiocho, veintisiete,
veintiséis, veinticinco, veinticuatro, veintitrés, veintidós,
veintiuno **2** enero, febrero, marzo, abril, mayo, junio, julio,
agosto, septiembre, octubre, noviembre, diciembre **4** ¿Cómo se
va al teatro? **5** ¿Se habla inglés aquí? **6** Se puede tomar el
autobús a la estación. **7** Hay cinco vuelos todos los días.
8 Paso un mes en España todos los años.

Unit 7

Actividades

1 **a** El veintiuno cae en un martes. **b** El treinta y uno cae en un viernes. **c** El primer domingo cae en el día cinco. **d** El último domingo cae en el día veintiséis. **e** Los sábados en julio caen en el cuatro, el once, el dieciocho y el veinticinco. **f** El veintisiete cae en un lunes. **g** El cumpleaños de Isabel cae en un miércoles este año. **h** No. En julio el trece no cae en martes. 2 **a** domingo **b** miércoles **c** martes **d** jueves **e** sábado **f** viernes **g** lunes/ *Column A*: octubre 3 **a** F **b** V **c** V **d** F **e** V **f** V **g** F **h** F **i** F **j** V 4 **a** a las ocho y media de la tarde **b** a las siete y media de la tarde **c** a las seis y veinticinco de la tarde **d** a las nueve y veinte de la mañana **e** a las nueve y cinco de la tarde **f** a las dos y cuarto de la tarde

Unit 8

Actividades

1 **b** Necesito salir a las ocho y media. **c** Quiero llamar/Quisiera hablar por teléfono a las diez y cuarto. **d** Necesito hablar con el director a las doce menos cuarto. **e** Quiero/Quisiera comer a las dos. **f** Quisiera tomar un gin-tonic a la una y media. **g** Necesito estar en casa a las cinco de la tarde. **h** Necesito ir al dentista a las cinco y media. **i** Quisiera las entradas para las siete y media de la tarde. **j** Quisiera hacer la reserva en el restaurante para las diez y media de la noche. **k** Necesito salir con el perro a las doce de la noche. 2 **a** F **b** F **c** F **d** V **e** F **f** V **g** V **h** F 3 **a** Lo **b** Las **c** Los **d** Lo **e** Lo **Documento número 7:** **a** 59 euros, 60 cents **b** in cash (métalico) **c** 28 April 07 **d** 4 May 07 **e** eight hours, twenty-one minutes, **f** car 1 seat 2 A **g** 1st class (preferente) including lunch (almuerzo) **h** senior citizen's card (tarjeta dorada) **i** two minutes before departure (cierre del acceso)

Self-evaluation

1 Quisiera un café. 2 Necesito estar en Madrid el viernes. 3 ¿Quiere hacer una reserva, por favor? 4 Necesito estar en la oficina para una reunión el día diecisiete. 5 Voy a París mañana. El vuelo sale a las diez y cuarto de la mañana. 6 Quisiera dos entradas de teatro, para el día veintitrés por favor.

Unit 9

Actividades

1 a no le gusta b quisiera c quiere d se llama e un ángel f le gusta g le gusta h demasiada política y demasiado fútbol i le gustan j son demasiado sentimentales k le gustan 2 a Me gusta el café. b Lo prefiero con leche. c No quiero azúcar. d No me apetece un café ahora. e ¿Quiere Vd. un té, Isabel? f ¿Cómo lo quiere? g ¿Lo prefiere siempre con leche? h ¿No le gusta el té con azúcar? i ¿Le gustan los vinos españoles, Paco? j ¿Prefiere Vd. el güisqui o el vermú? k ¿Le apetece un gin-tonic? l ¿Lo quiere con limón? 3 a No, no me apetece ir al cine. b No, no me gusta el chocolate. c No, no quiero un gin-tonic. d No, no me gusta la música de Verdi. e No, no me apetece salir en el coche. f Sí, me apetece ir a casa. 4 a vii; b iii, iv, vi, vii; c i, ii, viii; d i, ii, v, viii **Documento número 8: a** un euro cincuenta. **b** seis euros. **c** para el 8 de abril de 2003 **d** 15.50 h (a las cuatro menos diez) **Documento número 9 a:** No, no quiero ir a Mallorca. **b** Sí, prefiero ir a Gran Canaria. **c** 30 euros **d** 50 euros. **e** En Viajes Barceló (*Barceló Travel*)

Self-evaluation

1 Me gusta la música. 2 Me gusta mucho/muchísimo la música flamenca. 3 No me gusta el fútbol. 4 Prefiero la música clásica. 5 ¿Le gusta a Vd. la música flamenca? 6 ¿Prefiere Vd. la música flamenca o la música clásica? 7 Quiero ir a casa porque no me apetece trabajar más y necesito un gin-tonic.

Unit 10

Actividades

1 a A las siete Paco se levanta. b Después, se lava y se viste. c Sale de casa a las ocho menos veinte. d Cuando llega a la oficina se sienta para trabajar. e Se siente bien porque tiene compañeros simpáticos. f No. Los Méndez se levantan tarde. g Porque no tienen prisa. No trabajan. h Antes de salir se lavan y se visten (se arreglan). i Cuando llegan al café se sientan en la terraza. j Dice que les gusta salir todos los días. 2 a ¿A qué hora se levanta Vd., Paco? b ¿A qué hora sale Vd. de casa? c ¿A qué hora llega Vd. a la oficina? d ¿Le gusta su

trabajo? e ¿Por qué le gusta? f ¿A qué hora se levantan Vds.? g ¿Por qué no tienen Vds. prisa? h ¿Por qué no trabaja su marido? i ¿A qué hora salen Vds.? j ¿Dónde se sientan Vds. en el café? 3 a ii, b iii, c ii, d i, e iii, f, ii 4 a Se toma un aperitivo a las siete de la tarde. b Se come bien en España. c Se habla bien el español en Burgos. d Se siente más contento en casa que en la oficina. e Se necesita trabajar mucho. f Se sale con el perro todos los días. g No se puede pagar con cheque. h En Inglaterra se bebe más té que vino. **Documento número 10:** A contract of employment, an immediate start and hours of 8.30–1.30 and 2.30–5.30.

Self-evaluation

1 Paco tiene prisa. 2 Tenemos prisa. 3 Me visto a las siete y salgo a las ocho y media. 4 Me lo paso bien los sábados. 5 No me siento bien, quiero volver a casa. 6 ¿Se puede pagar con tarjeta de crédito? 7 Me levanto tarde todos los domingos. 8 No me gusta trabajar en la oficina, porque mis compañeros son antipáticos (*or* no son simpáticos).

Unit 11

Actividad

a Paco, eres madrileño, ¿no? b Vas todos los días al café, Paco? c ¿Tienes un coche, Paco? d ¿Te gusta el fútbol, Paco? e ¿Tienes prisa por las mañanas, Paco? f Isabel ¿dónde pasas tus vacaciones? g Y ¿dónde prefieres vivir? h ¿Qué te apetece más, Isabel, un té o un café? i ¿Qué familia tenéis, Isabel y Paco? j ¿A qué hora salís por la mañana, Paco e Isabel?

Unit 12

Actividades

2 a ¿Tienes carnet? (un Documento Nacional de Identidad) b ¿Cuál es el número? c ¿Cuándo caduca? (¿Cuál es la fecha de caducidad?) d ¿Tienes permiso de conducir? e ¿Tienes pasaporte? f ¿Usas tarjeta de crédito? g ¿Tienes seguro de accidente? h ¿Cuál es el número de la póliza? i ¿Dónde vives? j ¿Cual es tu número de teléfono? k ¿Cuáles son tus apellidos? l ¿Cómo se escriben? 3 a v, b iii, c vi, d ii, e i, f iv 4 a tres euros b siete coma cuarenta y dos euros *or* siete euros y

cuarenta y dos céntimos **c** un euro **d** sesenta céntimos **e** quince euros **f** trescientos euros y cincuenta céntimos **g** novecientas libras **h** mil novecientos noventa y cinco **i** mil novecientos ochenta y cuatro **j** dos mil diez **k** seis, cuarenta y nueve, diez **l** cuarenta y ocho, setenta y tres, veintiséis **Documento número 11: a** Tiene el número veintidós mil, novecientos ochenta y siete. **b** No, es una entrada individual, de una persona.

Self-evaluation

1 Mi fecha de nacimiento es … **2** Mi apellido es … **3** Mi dirección es … **4** Mi número de pasaporte es … **5** Tengo seguro de accidente – el número de la póliza es… **6** Quisiera pagar con tarjeta de crédito.

Unit 13

Documento número 12: The Marbella apartments are right beside the beach. (**en primera línea** literally means *in the front line*)

Unit 14

Actividades

1 a A Isabel no le interesa mucho el deporte. El Sr. Méndez es demasiado viejo. **b** A Isabel le gusta muchísimo la música. Al Sr. Méndez le gusta el fútbol. **c** Isabel toca el piano y la guitarra y va a muchos conciertos. El Sr. Méndez ve los partidos de fútbol en la televisión. **d** Isabel va al teatro con Paco y otros amigos. El Sr. Méndez va con su señora. **e** Isabel sale a museos y galerías. Los Sres. Méndez salen al café. **2 a** xii; **b** viii; **c** v; **d** xviii; **e** ii; **f** xiii; **g** iii; **h** i, xv; **i** vi; **j** iv, xi, xx; **k** vii; **l** ix, xvii, xix; **m** x; **n** xiv, xvi **3 a** Está en la calle Fuencarral, número setenta y ocho. **b** No es necesario pagar – la entrada es gratuita. **c** La entrada tiene el número trescientos sesenta y dos mil, novecientos treinta y siete. **d** La entrada es para el uno de enero. **e** Es para la función de la tarde. **f** La butaca está en la fila número siete (la séptima fila). **Documento número 13: a** Dos copias por el precio de una. (*Two copies for the price of one.*) **b** No, no hago muchas.

Unit 15

Actividades

1 a Sí. Hay un aparcamiento cerca del museo. b Está en la calle Trafalgar. c Frente a la iglesia hay un banco. d El mercado está en la calle Raimundo Lulio. e Sí. La farmacia está frente a Correos, al otro lado de la plaza. f No. El teatro está al otro lado de la calle Luchana. g Se toma la calle Raimundo Lulio y se sigue hasta el final. h La estación de metro está más cerca del cine. i El banco está en la esquina de la calle Santa Engracia con la calle Santa Feliciana. 2 NB there are other routes and other ways of explaining them – if in doubt, check with the material in the dialogues. a Cruza esta calle aquí a la izquierda, y sigue hasta la plaza. Correos está a la izquierda. b Siga a la derecha por esta calle hasta la plaza, y el museo está a su izquierda. c Sí, en la Plaza de Chamberí. Tome la calle Raimundo Lulio enfrente, siga hasta el final, y hay una farmacia al otro lado de la plaza. d Toma la tercera calle aquí a la izquierda – la calle Sagunto, después del banco – y el cine está en tu derecha. 3 a Para ir desde Madrid a Cádiz, hay que tomar la carretera nacional cuatro. No. No se pasa por Granada. b Si se va desde Madrid a Portugal, se cruza la frontera cerca de Badajoz. c No. No hay mucha distancia entre Gijón y Oviedo. d Sí, Toledo está cerca de Madrid. e Valencia está más cerca de Madrid que Barcelona. f Para ir desde Francia a Alicante se toma la autopista. g Entre Badajoz y Gijón hay las ciudades de Cáceres, Salamanca, Zamora y Oviedo. h España es mucho más grande que Portugal. i Santiago está en Galicia. 4 a Sí, las carreteras son buenas, pero las distancias son grandes. b Sí, y me gustan los horizontes lejanos. c Hace calor en mayo, pero en julio, agosto y septiembre hace un calor intenso y es insoportable pasar todo el día en el coche. d Sí, pero son de peaje, y prefiero las carreteras más pequeñas. Sin embargo, me gusta la autopista que conecta Bilbao y Barcelona. e En mayo no, pero sin embargo se necesita conducir con precaución y no ir demasiado rápido. En julio y agosto hay demasiados coches porque millones de familias españolas se desplazan para sus vacaciones.

Unit 16

Actividades

1 a Hola, Ignacio, ¿Cómo estás? b ¿Tienes catarro? (¿Estás constipado?) c ¿Tienes fiebre? d Dice treinta y siete grados. No tienes fiebre. e ¿Te duele la cabeza? f ¿Y te duele el estómago? g Tú no te sientes bien porque bebes demasiado. 2 a ¿Tienen Vds. una loción para una quemadura del sol? b Tengo un corte en el pie. ¿Tiene una pomada antiséptica y una venda? c Me duele el estómago. d Me duele una muela. ¿Tiene Vd. un analgésico? e Mi hijo no se siente bien y tiene fiebre. f Quiero unas gotas para un ojo inflamado. g Tengo el tobillo hinchado; necesito una tobillera. h Necesito ver a un médico. ¿Cuáles son las horas de consulta? 3 a El medicamento se llama 'Anginovag'. b No es un pomada, es un spray. c El envase tiene veinte mililitros (20 ml). d El tratamiento es para infecciones de la boca y la garganta. e La dosis preventiva es de una aplicación cada seis horas. f La dosis curativa es de una o dos aplicaciones cada dos o tres horas. g No hay efectos secundarios. h El medicamento se fabrica en Laboratorios Novag, S.A., que están en San Cugat del Vallés, cerca de Barcelona. **Documento número 14:** Virgo, con diez estrellas.

Unit 17

Actividades

1 Aceitunas, noventa y nueve céntimos/pimiento padrón, un euro ochenta y nueve/pera conferencia, un euro sesenta y nueve/nísperos, un euro seis/cebolla, un euro treinta y siete/kiwi, tres euros noventa y cinco/melón, cinco euros limón, cuarenta y un céntimos, dos euros ocho/ajos, cincuenta céntimos/brócoli, setenta y ocho céntimos/total, diecinueve euros, setenta y dos. 2 a dos kilos de naranjas b doscientos gramos de jamón c un litro de leche d ciento cincuenta gramos de queso e dos ajos f un kilo de patatas g un cuarto de gambas h tres rajas de salmón 3 a ¿Dónde está el departamento de perfumería? b ¿Tienen Vds. una farmacia? c ¿Dónde está la cafetería? d Quisiera pagar con Visa. e Voy a pagar en efectivo. f ¿En qué planta está la sección de deportes? g ¿Dónde están los aseos? h La librería está en la planta baja.

Unit 18

Actividades

1 a Tengo hambre. **b** ¿Qué hay para comer? **c** ¿Tienes hambre? **d** A mí me gustan las pizzas. **e** ¿Te apetece una pizza? **f** ¿Prefieres pizza de anchoas o pizza de jamón? **g** Voy a llamar para una pizza. **h** ¿Quieres cerveza o Coca-Cola? **i** Voy a comprar dos cervezas, **j** Voy a tomar un café. **2 a** iii, **b** ii, **c** ii, **d** ii, **e** i, **f** iii **3 Tú: a** ¿Quieres un café? **b** ¿Quieres té con limón? **c** ¿Te apetece tarta de chocolate? **d** ¿Te apetece tostada con miel? **e** ¿Quieres una cerveza fría? **Vd.: a** ¿Quiere Vd. un café? **b** ¿Quiere Vd. té con limón? **c** ¿Le apetece tarta de chocolate? **d** ¿Le apetece tostada con miel? **e** ¿Quiere una cerveza fría? **4 a** Quisiera las judías. **b** Me gusta el pollo, pero no el ajo … Voy a tomar la merluza. **c** De postre quiero helado. **d** Prefiero chocolate. **e** Sin gas, por favor. **f** Con el pescado, tal vez blanco. **g** No quiero café, si no está incluido. **5 a** Los entremeses, ¿qué son? **b** ¿Está fresca la merluza? **c** ¿Tiene mucho ajo el pollo? **d** ¿Qué fruta hay? **e** ¿El vino es de La Rioja? **f** ¿Se puede tomar cerveza en vez de vino? **Documento número 16: a** beers, spirits, special coffees, pancakes, hot tapas (*snacks*) and sandwiches **b** from 9am to 1am.

Unit 19

Actividades

1 a ¿Se puede cambiar dinero en el hotel? **b** Quiero cambiar cien libras esterlinas. **c** ¿A cuánto está la libra? **d** Prefiero ir a un banco. **e** ¿A qué hora se cierra el banco? **f** Tengo que ir al banco antes de las dos. **g** Tengo cheques de viaje en dólares. **h** ¿Dónde está la caja? **i** ¿Dónde puedo comprar sellos? **j** Quiero dos sellos para cartas por avión a los Estados Unidos, y cinco sellos para postales para Inglaterra. **k** Tengo que echar las cartas hoy. **l** ¿Dónde está el buzón más cercano? **m** ¿Dónde está el guardarropas? **Documento número 17:** El veintinueve de noviembre del dos mil dos; dos mil ciento treinta y nueve euros, con trece céntimos.

Unit 20

Actividades

1 a El tres de abril llueve. **b** Sí. El día siete caen chubascos. **c** El sol sale otra vez el diez. **d** No. El día cuatro no hace calor. Hay tormenta. **e** No. El dieciséis y diecisiete hace mal tiempo. **f** Hace mejor tiempo el veintiuno que el día veinte. **g** Hace peor tiempo el veintitrés porque el cielo está completamente cubierto. **h** Hay ocho días de sol este mes. **i** Hay cinco días de lluvia intensa. **j** Hay tormentas el día cuatro y el día veinticinco. **2 a** nubes, claros, hace sol **b** el cielo, cubierto, lluvia **c** nubes, claros, lluvia **d** Palmas, Tenerife, sur **e** buen, cubierto nuboso **f** nieblas, soleado

Self-assessment Test 1

1 a hasta luego **b** perdone (perdona) **c** de nada **d** no entiendo **e** no hablo francés **f** muchas gracias **g** te quiero **h** aquí se habla inglés **i** tengo prisa **j** no me gusta

2 a un americano **b** un alemán **c** un madrileño **d** una española **e** un barcelonés **f** una catalana **g** un jubilado **h** una burgalesa **i** un argentino **j** un millonario

These two are tests of memory. If you had some gaps, perhaps you are not following the 'little and often' rule.

3 a está **b** es (Ricardo tiene 65) **c** está **d** está **e** es **g** está **g** está **h** es **i** es **j** está

The distinction between these two verbs is important, and it's not easy, as there is no parallel case in English. If you got answers wrong, rework Unit 4 thoroughly.

4 a me **b** nos **c** se **d** se **e** nos, nos, nos **f** te **g** me **h** te

Again there is no exact parallel in English to this usage. Check on Unit 10 if your grasp is insecure.

If you scored over 40 points, well done. If fewer, don't despair, but revisit Units 1–11 at the same time as you begin to look at Units 12–21.

Self-assessment Test 2

1 privado; prohibido el paso; empujad; tirad; llamar; entrada; salida; sin salida; abierto; cerrado.

You will find all these in Unit 21.

2 a Hace calor **b** Tengo calor **c** El agua está caliente **d** Llueve (está lloviendo) **e** Hace viento **f** Hace sol **g** Hace buen tiempo **h** Hace frío **i** Está nevando **j** ¡Es para volverse loco!

Unit 20 has the details.

3 a doy **b** voy **c** tengo **d** hago **e** digo **f** sigo **g** veo **h** oigo **i** salgo **j** pongo

These are important verbs. Check again in Unit 14 (Unit 19 for **oigo***) if you found this difficult.*

4 a en la farmacia **b** en el quiosco **c** en la charcutería **d** en la librería **e** el carnicero **f** el frutero **g** el pastelero **h** el lechero **i** en el banco **j** en Correos

5 a cuarenta y ocho **b** veintidós **c** noventa y nueve **d** cien **e** ciento uno **f** quinientos cincuenta **g** cuatro mil **h** setecientos **i** novecientos **j** dos mil cien

Units 3, 6, 7 and 12 give details of numbers in Spanish.

How did you do? More than 40 points – pretty good. More than 50 – wow! Less than 30 – groan! But in any case, keep browsing through the book to consolidate what you know, and pick up on what you have not remembered.

vocabulary

The following two lists contain the important words that have been used in this book, particularly those that have occurred more than once and in the exercises, plus a few extra useful words, especially in the English–Spanish list. What are not included are groups of words such as numbers, days, months, etc. which you will find easily in the text.

Try to look at the vocabulary lists just to jog your memory when you have forgotten a word – it is the **Subject index** you should use to find your way back to more detailed explanations of usage.

Spanish–English

abierto *open*
abrigo (el) *(top) coat*
abuela (la) *grandmother*
abuelo (el) *grandfather*
abuelos (los) *grandparents*
acelgas (las) *Swiss chard*
afortunadamente *fortunately, luckily*
agradable *pleasant*
ahora *now*
albaricoque (el) *apricot*
algo *something, somewhat*
algunas veces *sometimes*
allá, más, allá de *there, beyond*
almohada (la) *pillow*
almuerzo (el) *lunch (formal)*
alquilar *to rent, hire*
alquiler (el) *rent*
alto *tall*
amarillo *yellow*
ambiente (el) *atmosphere, surroundings*

amigo (el) (la amiga) *friend*
animado *lively*
año (el) *year*
antes (de) *before*
apellido (el) *surname*
apto *suitable*
aquí *here*
arreglar *to arrange*
armario (el) *cupboard*
autobús (el) *bus, coach*
autopista (la) *motorway*
avión (el) *aeroplane*
azúcar (el) *sugar*
azul *blue*

bajo *short (people), low*
baño *bath*
barato *cheap*
barrio (el) *district (of town)*
bastante *enough, fairly*

beber *to drink*
bien *well*
billete (el) *ticket, banknote*
blanco *white*
blusa (la) *blouse*
bolsa (la) *bag*
bolso (el) *handbag*
botella (la) *bottle*
brazo (el) *arm*
bueno *good*
buscar *look for, search for*
butaca (la) *armchair*
buzón (el) *letterbox*

cabeza (la) *head*
cada *each, every*
caer *to fall*
cajón (el) *drawer*
calcetines (los) *socks*
caliente *hot*
calle (la) *street*
calor (el) *heat*
calzoncillos (los) *(under)pants*
cama (la) *bed*
cambiar *to change*
caro *dear, expensive*
carretera (la) *road, main road*
carta (la) *letter (correspondence)*
casa (la) *house, home*
casado *married*
casi *almost*
cena (la) *supper, dinner*
cepillo de dientes (el) *toothbrush*
cerca (de) *near*
cerrado *closed, shut*
champú (el) *shampoo*
chaqueta (la) *jacket*
chica (la) *girl*
cielo (el) *sky*
cine (el) *cinema*
ciruela (la) *plum*
coche (el) *car*
cocina (la) *kitchen*
comedor (el) *dining room*
comer *to eat*
comida (la) *meal, main midday meal*
cómo *how*
como *as, like*
compañero (el) (la compañera)
  colleague, companion
compañía (la) *company*
comprar *buy, to buy*
concierto (el) *concert*
conferencia (la) *trunk call*

congreso (el) *conference*
conocer *to know (people)*
contento *pleased, happy*
Correos *Post Office*
corto *short*
cuando *when*
cuánto, cuánta *how much*
cuántos, cuántas *how many*
cuarto de baño (el) *bathroom*
cuchara (la) *spoon*
cucharilla (la) *teaspoon*
cuchillo (el) *knife*
cuello (el) *neck*
cumpleaños (el) *birthday*

dar *to give*
de *of, from*
de acuerdo *agreed*
débil *weak*
decir *to say*
demasiado, demasiada *too much*
demasiados, demasiadas *too many*
deporte (el) *sport*
derecha *right*
desayuno (el) *breakfast*
describir *to describe*
desde *since, from*
despacio *slowly*
después (de) *after*
día (el) *day*
diente (el) *tooth (incisor)*
difícil *difficult*
dinero (el) *money*
dirección (la) *address, direction*
divertir, divertirse *to amuse, to enjoy
  oneself*
doblar *to turn (corner), to fold*
donde *where*
dormitorio (el) *bedroom*
ducha (la) *shower*
duda, sin duda (la) *doubt, without doubt*

echar *to throw*
edredón (el) *duvet*
efectivo, en efectivo (el) *in cash*
ejemplo, por ejemplo (el) *example, for
  example*
empezar *to begin*
enfrente *opposite*
entrada (la) *ticket (entrance)*
escoger *to choose*
escribir *to write*
espalda (la) *back*
esquina (la) *corner (external)*

estanco (el) *kiosk (tobacco and stamps)*
este, esta *this*
estómago (el) *stomach*
estos, estas *these*
estudiante (el) (la estudiante) *student*
exposición (la) *exhibition*

fácil *easy*
falda (la) *skirt*
familia (la) *family*
fecha (la) *date*
fin (el) *end*
fin de semana (el) *weekend*
frente a *facing, opposite*
frío (el) *cold*
frío *cold (adjective)*
fuerte *strong*
función (la) *performance*
fútbol (el) *football*

golpe (el) *blow, knock*
grande *big, large, great*
gris *grey*

hablar *to speak*
hacer *to do, to make*
hasta *until*
hay *there is, there are*
hermana (la) *sister*
hermano (el) *brother*
higo (el) *fig*
hija (la) *daughter*
hijo (el) *son, child*
hijos (los) *children (relationship)*
hombre (el) *man*
hora (la) *time (of day)*
horario (el) *timetable*
hoy *today*

ida y vuelta *return (ticket)*
ida, de ida sólo *single, one way ticket*
idioma (el) *language*
interesante *interesting*
invierno (el) *winter*
ir *to go*
izquierda *left*

jabón (el) *soap*
jerez, vino de Jerez *sherry*
joven *young*
jugar *to play (games)*

lado (el) *side*
largo *long*

lavabo (el) *washbasin*
lavar, lavarse *to wash, to wash oneself*
leche (la) *milk*
levantarse *to get up*
libra (la) *pound (sterling)*
limón (el) *lemon*
llamar *to call*
llegar *to arrive*
llevar *to take, carry, wear*
lluvia (la) *rain*
luz (la) *light, electricity*

madre (la) *mother*
madrileño *of Madrid*
malo *bad*
mañana, pasado mañana *tomorrow, the day after tomorrow*
mañana (la) *morning*
mandar *to send*
mano (la) *hand*
manzana (la) *apple*
manta (la) *blanket*
mapa (el) *map*
máquina de afeitar (la) *razor*
marido (el) *husband*
mariscos (los) *seafood, shellfish*
marrón *brown*
medias (las) *stockings*
médico (el) *doctor*
melocotón (el) *peach*
menos mal *just as well*
merienda (la) *tea (meal), picnic*
mes (el) *month*
mesa (la) *table*
mismo *same*
mostrar *to show*
muchas veces *often*
muela (la) *tooth (molar)*
mujer (la) *woman, wife*
museo (el) *museum*
muy *very*

nacimiento (el) *birth*
nacionalidad (la) *nationality*
nada *nothing*
nadar *to swim*
nadie *nobody*
naranja (la) *orange*
naturalmente *naturally, of course*
necesitar *to need*
negro *black*
nieta (la) *granddaughter*
nieto (el) *grandson*
ninguno *none*

niños (los) *children (age group)*
noche (la) *night*
nombre (el) *name, forename*
nuevo *new*
nunca *never*

oficina (la) *office*
oír *to hear*
ojo (el) *eye*
otoño (el) *autumn*
otro *other*

padre (el) *father*
padres (los) *parents*
pagar *to pay*
palabra (la) *word*
pantalones (los) *trousers*
pantis (los) *tights*
para *for, in order to*
parte, todas partes *part, everywhere*
partido (el) *match (sport)*
pasaporte (el) *passport*
pasar *to pass*
pasta de dientes (la) *toothpaste*
pata (la) *leg (animal)*
peaje (el) *toll (motorway toll)*
peine (el) *comb*
pequeño *small, little*
pera (la) *pear*
periódico (el) *newspaper*
pero *but*
perro (el) *dog*
pie (el) *foot*
piel (la) *skin*
pierna (la) *leg (human)*
piscina (la) *swimming pool*
piso (el) *flat*
planta (la) *storey, floor*
plátano (el) *banana*
plato (el) *plate*
plaza (la) *square*
pocas veces *not often*
poder *to be able to*
póliza (la) *policy*
poner *to put*
por *through, by, along (for)*
¿por qué? *why*
porque *because*
postre (el) *dessert*
preferir *to prefer*
pregunta (la) *question*
preguntar *to ask*
primavera (la) *spring*
primero (primer) *first*

primo (el) (la prima) *cousin*
prisa, tener prisa *to be in a hurry*
problema (el) *problem*
puerta *door*

que *which, that*
querer *to want, love*
quien, quienes *who*
quiosco (el) *kiosk*

rápido *fast, quick*
reunión (la) *meeting*
rincón (el) *corner (internal)*
rojo *red*

sábana (la) *sheet*
saber *to know (facts)*
sacar *to take out (of container)*
salir *to leave, go out*
salón *sitting room*
salvo *except*
seguir *to follow*
seguro *sure, certain*
seguro (el) *insurance*
sello (el) *stamp (postal)*
semana (la) *week*
sentarse *to sit down*
sentirse *to feel*
servilleta (la) *napkin*
siempre *always*
silla (la) *chair*
simpático *friendly, agreeable*
sino (no ... sino) *not ... but*
sobrina (la) *niece*
sobrino (el) *nephew*
sofá (el) *sofa*
sol (el) *sun*
soltera *spinster, single*
soltero *bachelor, single*

también *also, too*
tarde (la) *afternoon, evening*
tarde *late*
tarjeta (la) *card*
taza (la) *cup*
teatro (el) *theatre*
teléfono (el) *telephone*
temprano *early*
tenedor (el) *fork*
tener *to have*
tener que *to have to*
terraza (la) *terrace, café terrace*
tía (la) *aunt*
tiempo (el) *time, weather*

tinto *red (of wine)*
tío (el) *uncle*
toalla (la) *towel*
tocar *to touch, to play (instruments)*
todavía *still, yet*
todo, toda, todos, todas *all, every*
tomar *to take*
trabajar *to work*
trabajo (el) *work*
tren (el) *train*

último *last*
útil *useful*
uvas (las) *grapes*

vacación (la), estar de vacaciones *holiday, to be on hoilday*
valor (el) *value*
vaso (el) *tumbler*
veces (las), de vez en cuando *times, from time to time*
ventana (la) *window (house)*

ventanilla (la) *window (kiosk, bank, etc.)*
ver *to see*
verano (el) *summer*
verdad (la) *truth*
verde *green*
vestir, vestirse *to get dressed*
viajar *to travel*
viaje (el) *journey*
viajero (el) *traveller*
vida (la) *life*
viejo *old*
viento (el) *wind*
vino (el) *wine*
visitar *to visit*
vivir *to live*
volver *to return*
vuelo (el) *flight*

y *and*

zapatos (los) *shoes*
zumo de fruta (el) *fruit juice*

English–Spanish

address *la dirección*
aeroplane *el avión*
after *después (de)*
afternoon *la tarde*
agreed *de acuerdo*
all, every *todo, toda, todos, todas*
almost *casi*
along *por*
also, too *también*
always *siempre*
amuse, to enjoy oneself *divertir, divertirse*
and *y*
apple *la manzana*
apricot *el albaricoque*
arm *el brazo*
armchair *la butaca*
arrange, to arrange *arreglar*
arrive, to arrive *llegar*
ask, to ask (a question) *preguntar*
atmosphere, surroundings *el ambiente*
aunt *la tía*
autumn *el otoño*

bachelor, single *soltero*
back *la espalda*
bad *malo*

bag *la bolsa*
banana *el plátano*
banknote *el billete*
bath *el baño*
bathroom *el cuarto de baño*
be able to, to be able to *poder*
because *porque*
bed *la cama*
bedroom *el dormitorio*
beer *la cerveza*
before *antes (de)*
begin, to begin *empezar*
beyond *más allá de*
big, large, great *grande*
birth *el nacimiento*
birthday *el cumpleaños*
blanket *la manta*
blouse *la blusa*
blow, knock *el golpe*
blue *azul*
bottle *la botella*
breakfast *el desayuno*
brother *el hermano*
brush *el cepillo*
bus, coach *el autobús*
but *pero*
buy, to buy *comprar*
by *por*

call, to call *llamar*
car *el coche*
card *la tarjeta*
carry, to carry *llevar*
cash, in cash *(en) efectivo*
chair *la silla*
change, to change *cambiar*
cheap *barato*
children (age group) *los niños*
children (relationships) *los hijos*
choose, to choose *escoger*
cinema *el cine*
closed, shut *cerrado*
coat *el abrigo*
cold *el frio*
cold (adjective) *frío*
comb *el peine*
companion *el compañero (la compañera)*
company *la compañía*
concert *el concierto*
conference *el congreso*
congratulations *felicidades*
corner (external) *la esquina*
corner (internal) *el rincón*
corridor *el pasillo*
course, of course *naturalmente, desde luego*
cousin *el primo (la prima)*
cup *la taza*
cupboard *el armario*

date *la fecha*
daughter *la hija*
day *el día*
dear, expensive *caro*
describe, to describe *describir*
dessert *el postre*
difficult *difícil*
dining room *el comedor*
dinner *la cena*
direction *la dirección*
district (of town) *el barrio*
do, make, to do, to make *hacer*
doctor *el médico*
dog *el perro*
door *la puerta*
doubt, without doubt *la duda, sin duda*
drawer *el cajón*
dress, to get dressed *vestir, vestirse*
drink, to drink *beber*
duvet *el edredón*

each, every *cada*
early *temprano*
easy *fácil*
eat, to eat *comer*
electricity *la luz, la electricidad*
end *el fin*
enough *bastante*
evening *la tarde*
everywhere *en todas partes*
example, for example *el ejemplo, por ejemplo*
except *salvo*
exhibition *la exposición*
eye *el ojo*

facing *frente a*
fairly *bastante*
fall, to fall *caer*
family *la familia*
fast, quick *rápido*
father *el padre*
feel, to feel *sentirse*
fig *el higo*
first *primero (primer)*
flat *el piso*
flight *el vuelo*
floor (ground) *el suelo*
floor (storey) *la planta*
follow, to follow *seguir*
foot *el pie*
football *el fútbol*
for *para* (sometimes '*por*')
fork *el tenedor*
fortunately, luckily *afortunadamente*
friend *el amigo (la amiga)*
friendly, agreeable *simpático*
from *de, desde*
fruit juice *el zumo de fruta*

get up, to get up *levantarse*
girl *la chica*
give, to give *dar*
glass *el vaso (tumbler), la copa (stemmed)*
go out, to go out *salir*
go, to go *ir*
good *bueno*
granddaughter *la nieta*
grandfather *el abuelo*
grandmother *la abuela*
grandparents *los abuelos*
grandson *el nieto*
grapes *las uvas*
green *verde*

hand *la mano*
handbag *el bolso*
have to, to have to *tener que*
have, to have *tener*
head *la cabeza*
hear, to hear *oír*
heat *el calor*
here *aquí*
holiday, to be on holiday *la vacación, estar de vacaciones*
home *la casa*
hot *caliente*
house *la casa*
how *cómo*
how many *cuántos, cuántas*
how much *cuánto, cuánta*
hurry, to be in a hurry *prisa, tener prisa*
husband *el marido*

insurance *el seguro*
interesting *interesante*

jacket *la chaqueta*
journey *el viaje*
just as well *menos mal*

kiosk (tobacco and stamps) *el estanco*
kitchen *la cocina*
knife *el cuchillo*
know, to know (facts) *saber*
know, to know (people) *conocer*

language *el idioma*
large *grande*
last *último*
late *tarde*
lavatory *el wáter (in a house)*
leave, to leave *salir*
left *izquierda*
leg (animal) *la pata*
leg (human) *la pierna*
lemon *el limón*
letter (correspondence) *la carta*
letterbox *el buzón*
life *la vida*
light, electricity *la luz*
live, to live *vivir*
lively *animado*
look for, search for *buscar*
long *largo*
love, to love (of people) *querer*
low *bajo*

lunch (formal) *el almuerzo*

Madrid, of Madrid *madrileño*
make, to make *hacer*
man *el hombre*
map *el mapa*
married *casado*
match (sport) *el partido*
meal, main midday meal *la comida*
meeting *la reunión*
milk *la leche*
mineral water *el agua mineral*
money *el dinero*
month *el mes*
morning *la mañana*
mother *la madre*
motorway *la autopista*
museum *el museo*

name, forename *el nombre*
napkin *la servilleta*
nationality *la nacionalidad*
naturally *naturalmente*
near *cerca (de)*
neck *el cuello*
need, to need *necesitar*
nephew *el sobrino*
never *nunca*
new *nuevo*
newspaper *el periódico*
niece *la sobrina*
night *la noche*
nobody *nadie*
none *ninguno*
not ... but *sino (no ... sino)*
not often *pocas veces*
nothing *nada*
now *ahora*

of *de*
office *la oficina*
often *muchas veces*
old *viejo*
open *abierto*
opposite *enfrente*
orange *la naranja*
order, in order to *para*
other *otro*

parents *los padres*
pass, to pass *pasar*
passport *el pasaporte*
pay, to pay *pagar*
peach *el melocotón*

pear *la pera*
performance *la función*
picnic *la merienda*
pillow *la almohada*
plate *el plato*
play, to play (games) *jugar*
play, to play (instruments) *tocar*
pleasant *agradable*
pleased, happy *contento*
plum *la ciruela*
Post Office *Correos*
pound (sterling) *la libra*
prefer, to prefer *preferir*
problem *el problema*
put, to put *poner*

question *la pregunta*

rain *la lluvia*
raincoat *el impermeable*
razor (eletric) *la máquina de afeitar*
red *rojo*
red (of wine) *tinto*
rent, the rent *el alquiler*
rent, to rent, hire *alquilar*
return (ticket) *de ida y vuelta*
return, to return *volver*
right *derecha*
road, main road *la carretera*

same *mismo*
say, to say *decir*
seafood, shellfish *los mariscos*
see, to see *ver*
send, to send *mandar*
shampoo *el champú*
sheet *la sábana*
sherry *Jerez, vino de Jerez*
shirt *la camisa*
shoes *los zapatos*
short (people) *bajo*
short *corto*
show, to show *mostrar*
shower *la ducha*
side *el lado*
since *desde*
single, one way (ticket) *ida, de ida sólo*
sister *la hermana*
sit down, to sit down *sentarse*
sitting room *el salón*
skin *la piel*
skirt *la falda*
sky *el cielo*

slowly *despacio*
small, little *pequeño*
soap *el jabón*
socks *los calcetines*
sofa *el sofá*
something, somewhat *algo*
sometimes *algunas veces*
son *el hijo*
speak, to speak *hablar*
spinster, single *soltera*
sponge *la esponja*
spoon *la cuchara*
sport *el deporte*
spring *la primavera*
square *la plaza*
stairs *la escalera*
stomach *el estómago*
street *la calle*
strong *fuerte*
student *el estudiante (la estudiante)*
sugar *el azúcar*
suitable *apto*
summer *el verano*
sun *el sol*
sun-tanned skin *la piel morena*
supper, dinner *la cena*
sure, certain *seguro*
surname *el apellido*
swim, to swim *nadar*
swimming pool *la piscina*

table *la mesa*
take out (of container) *sacar*
take, to take *llevar, tomar*
tall *alto*
tea (meal) *la merienda*
teaspoon *la cucharilla*
telephone *el teléfono*
terrace, café terrace *la terraza*
that (which) *que*
theatre *el teatro*
there *allá*
there is, there are *hay*
these *estos, estas*
through *por*
throw, to throw *echar*
ticket (entrance) *la entrada*
ticket (transport) *el billete*
tights *los pantis*
time *el tiempo*
time (of day) *la hora*
from time to time *a veces, de vez en cuando*
timetable *el horario*

today *hoy*
toll (motorway toll) *el peaje*
tomorrow, the day after tomorrow
  mañana, pasado mañana
too many *demasiados, demasiadas*
too much *demasiado, demasiada*
tooth (incisor) *el diente*
tooth (molar) *la muela*
toothbrush *el cepillo de dientes*
toothpaste *la pasta de dientes*
touch, to touch *tocar*
towel *la toalla*
train *el tren*
travel, to travel *viajar*
traveller *el viajero*
trousers *los pantalones*
trunk call *la conferencia*
truth *la verdad*
turn (corner), to fold *doblar*

uncle *el tío*
underpants *los calzoncillos*
until *hasta*
useful *útil*

value *el valor*
very *muy*
visit, to visit *visitar*

want, to want *querer*
wash, to wash oneself *lavar, lavarse*
washbasin *el lavabo*
wear, to wear *llevar*
weather *el tiempo*
week *la semana*
weekend *el fin de semana*
well *bien*
when *cuando*
where *donde*
which *que*
white *blanco*
who *quien, quienes*
why? *¿por qué?*
wife *la mujer, la señora*
wind *el viento*
window (kiosk, bank, etc.) *la
  ventanilla*
window (house) *la ventana*
wine *el vino*
winter *el invierno*
woman *la mujer*
word *la palabra*
work *el trabajo*
work, to work *trabajar*
write, to write *escribir*

year *el año*

Subject index

Where to find help

Here is a list of the key words and ideas in this book and the units where they are explained.